DAS MARACUJA KOCHBUCH

100 köstliche Rezepte und kreative Ideen zum Kochen mit Passionsfrucht

Daniela Otto

Urheberrechtliches Material ©2023

Alle Rechte vorbehalten

Kein Teil dieses Buches darf ohne die entsprechende schriftliche Zustimmung des Herausgebers und Urheberrechtsinhabers in irgendeiner Form oder auf irgendeine Weise verwendet oder übertragen werden, mit Ausnahme von kurzen Zitaten, die in einer Rezension verwendet werden. Dieses Buch sollte nicht als Ersatz für medizinische, rechtliche oder andere professionelle Beratung betrachtet werden.

INHALTSVERZEICHNIS

INHALTSVERZEICHNIS **3**
EINFÜHRUNG **6**
FRÜHSTÜCK UND BRUNCH **7**
   1. Passionsfrucht-Quark-Donuts 8
   2. Passionsfruchtpfannkuchen 12
   3. Passionsfrucht-Joghurt-Parfait 14
   4. Passionsfrucht-French-Toast 16
   5. Passionsfrucht-Scones 18
   6. Passionsfrucht-Muffins 20
   7. Passionsfrucht-Crepes 22
   8. Passionsfrucht-Haferquadrate 24
   9. Passionsfrucht-Teufelseier 26
   10. Passionsfrucht-Haferflocken 28
   11. Rosa Passionsfrucht-Frühstücks-Quinoa 30
   12. Passionsfrucht-Frühstücksschüssel 32
VORSPEISEN UND SNACKS **34**
   13. Passionsfrucht-Ceviche Solero 35
   14. Hula-Kekse 37
   15. Passionsfruchtriegel 39
   16. Tahitianische Kaffeebombe 42
   17. Passionsfrucht-Hummus 44
   18. Passionsfrucht-Bruschetta 46
   19. Passionsfrucht-Hähnchenflügel 48
   20. Passionsfrucht-Müsliriegel 50
   21. Passionsfrucht-Krabbencocktail 52
   22. Passionsfrucht-Garnelenspieße 54
   23. Passionsfrucht-Guacamole 56
   24. Passionsfrucht-Schinken-Käse-Roll-Ups 58
   25. Passionsfrucht-Caprese-Spieße 60
   26. Passionsfrucht und Prosciutto Crostini 62
   27. Passionsfrucht-Energiebällchen 64
   28. Passionsfrucht-Joghurt-Dip 66
HAUPTKURS **68**
   29. Hähnchenbrust mit Passionsfruchtsauce 69
   30. Marinierter Thunfisch mit Passionsfrucht 71
   31. Passionsfrucht-Hühnchen-Curry 73
   32. Passionsfruchtglasiertes Schweinefilet 75
   33. Passionsfruchtglasierter Lachs 77
   34. Passionsfrucht-Garnelenpfanne 79

35. Passionsfrucht-Tofu-Pfanne ... 81
36. Hähnchenkeulen mit Passionsfruchtglasur ... 83
37. Passionsfrucht-Curry ... 85
38. Passionsfrucht-Rindfleischpfanne ... 87
39. Gegrilltes Steak mit Passionsfrucht-Chimichurri ... 89
40. Passionsfrucht-Kokos-Curry-Garnelen ... 91

SALATE ... 93

41. Hühnchen-, Avocado- und Papayasalat ... 94
42. Tropischer Obstsalat mit Passionsfrucht-Dressing ... 96
43. Spinat- und Passionsfruchtsalat ... 98
44. Avocado- und Passionsfruchtsalat ... 100
45. Quinoa- und Passionsfruchtsalat ... 102
46. Wassermelonen- und Passionsfruchtsalat ... 104
47. Gemischter Grün- und Passionsfruchtsalat ... 106
48. Couscous- und Passionsfruchtsalat ... 108
49. Asiatischer Nudel- und Passionsfruchtsalat ... 110
50. Rucola-Ziegenkäse-Salat mit Passionsfruchtvinaigrette ... 112
51. Caprese-Salat mit Passionsfrucht-Balsamico-Glasur ... 114

NACHTISCH ... 116

52. Kokos-Panna Cotta mit Passionsfrucht ... 117
53. Passionsfruchtmousse ... 120
54. Grapefruit-Maracuja-Quark-Kuchen ... 122
55. Bananen- und Passionsfruchteis ... 124
56. Pfirsich-Maracuja-Strudel-Eis ... 126
57. Tropisches Margarita-Sorbet ... 128
58. Schokoladenstückchen-Torte ... 130
59. Passionsfrucht-Käsekuchen ohne Backen ... 133
60. Ricotta-Käsekuchen mit Passionsfrucht ... 136
61. Margarita-Cremes mit Mango und Leidenschaft ... 138
62. Sables Passionsfrucht-Himbeere ... 140
63. Passionsfruchtbesitz ... 142
64. Mango- und Passionsfrucht-Pavlova ... 144
65. Neuseeländische Kiwi-Pavlova ... 146
66. Pavlova mit tropischen Früchten ... 148
67. Passionsfrucht-Cobbler ohne Backen ... 150
68. Passionsfruchtsorbet ... 152
69. Guaven-Passionsfruchtsorbet ... 154
70. Avocado-Maracuja-Sorbet ... 156

GEWÜRZE ... 158

71. Passionsfrucht-Karamellsauce ... 159
72. Grapefruit-Passionsquark ... 161

73. Passionsfruchtquark 164
74. Passionsfrucht-Salsa 166
75. Passionsfrucht-Guacamole 168
76. Passionsfruchtmarmelade 170
77. Passionsfruchtbutter 172
78. Passionsfruchtvinaigrette 174
79. Scharfe Passionsfruchtsauce 176
80. Passionsfruchtmayonnaise 178
81. Passionsfrucht-BBQ-Sauce 180
82. Passionsfrucht-Aioli 182
83. Passionsfrucht-Chutney 184
84. Passionsfruchtsenf 186

COCKTAILS UND MOCKTAILS 188

85. Passionsfrucht-Boba-Tee 189
86. Passionsfrucht-Wassereis 191
87. Passionsfruchtkühler 193
88. Ruhige Reise 195
89. Schmetterlingserbse und gelbe Citronade 197
90. Passionsfrucht- und Muskatblüten-Cocktail 199
91. Kolumbianisch 201
92. Fruchtiger Kräuter-Eistee 203
93. Passionsfrucht-Minze-Eistee 205
94. Baccarat Rouge 207
95. Beeren-Tutti-Frutti 209
96. Passionsfrucht-Brandywein 212
97. Passionsfrucht-Mojito 214
98. Passionsfrucht-Espresso-Sauer 216
99. Passionsfrucht-Piña Colada 218
100. Passionsfruchtlimonade 220

ABSCHLUSS 222

EINFÜHRUNG

Passionsfrucht ist eine einzigartige und exotische Frucht voller Geschmack und Nährstoffe. Mit seinem würzigen und süßen Geschmack eignet es sich perfekt für die Verwendung in einer Vielzahl von Gerichten, von Desserts bis hin zu herzhaften Gerichten. In diesem Kochbuch erkunden wir die Vielseitigkeit der Passionsfrucht und stellen Ihnen eine Reihe von Rezepten und kreativen Ideen zum Kochen damit zur Verfügung.

Egal, ob Sie ein erfahrener Koch oder ein Anfänger in der Küche sind, auf den folgenden Seiten finden Sie jede Menge Inspiration. Von klassischen Gerichten wie Passionsfruchtsorbet und Käsekuchen bis hin zu innovativeren Rezepten wie mit Passionsfrucht glasiertem Hühnchen und Garnelen-Ceviche ist für jeden etwas dabei. Machen Sie sich also bereit, die Welt der Passionsfrucht zu erkunden und Ihren Geschmacksknospen freien Lauf zu lassen!

FRÜHSTÜCK UND BRUNCH

1. Passionsfrucht-Quark-Donuts

ZUTATEN:
FÜR DEN PASSIONSFRUCHTQUARD
- ½ Tasse Kristallzucker
- 3 große Eigelb
- ¼ Tasse Passionsfruchtpüree
- 2 Esslöffel frisch gepresster Zitronensaft
- ½ Tasse kalte ungesalzene Butter, gewürfelt

FÜR DIE DONUTS
- ¾ Tasse Vollmilch
- 2 große Eier
- 2 große Eigelb
- 3 ½ Tassen Allzweckmehl
- ¼ Tasse plus 1 Tasse Kristallzucker, geteilt
- 2 ¼ Teelöffel (1 Päckchen) Instanthefe
- 1 Teelöffel koscheres Salz
- 6 Esslöffel ungesalzene Butter, gewürfelt
- Pflanzenöl, zum Braten

ANWEISUNGEN:
FÜR DEN PASSIONSFRUCHTQUARD

a) In einem mittelschweren Topf ½ Tasse Kristallzucker und 3 große Eigelb verrühren, bis alles gut vermischt ist und eine homogene hellgelbe Mischung entsteht.

b) ¼ Tasse Passionsfrucht und 2 Esslöffel frischen Zitronensaft unterrühren, bis die Mischung dünner wird, und den Topf auf mittlere Hitze stellen.

c) Unter ständigem Rühren mit einem Holzlöffel kochen, bis die Mischung dick genug ist, um die Rückseite eines Löffels zu bedecken, 8 bis 10 Minuten lang und auf einem sofort ablesbaren Thermometer 160 (F) anzeigt.

d) Sobald die Mischung 160 (F) erreicht, vom Herd nehmen und ½ Tasse gewürfelte ungesalzene Butter einrühren, jeweils ein paar Würfel auf einmal, und erst dann mehr hinzufügen, wenn die vorherigen Würfel vollständig eingearbeitet sind.

e) Sobald die gesamte Butter hinzugefügt wurde, den Quark mit einem feinmaschigen Sieb in eine kleine Glasschüssel abseihen.

f) Mit Plastikfolie abdecken und die Plastikfolie direkt auf die Oberfläche des Quarks drücken, damit sich keine Haut bildet.

g) Bis zum Abkühlen und Festwerden in den Kühlschrank stellen, mindestens 2 bis 3 Stunden (vorzugsweise jedoch über Nacht). Der Quark ist in einem verschlossenen Glasgefäß im Kühlschrank bis zu 2 Wochen haltbar.

FÜR DIE DONUTS

h) Um den Teig zuzubereiten, bringen Sie ¾ Tasse Vollmilch bei mittlerer Hitze in einem kleinen Topf zum Kochen. Achten Sie genau darauf, dass die Milch nicht überkocht. Gießen Sie die Milch in einen Flüssigkeitsmessbecher und lassen Sie sie auf 105 (F) bis 110 (F) abkühlen. Wenn die Milch abgekühlt ist, 2 große Eier und 2 große Eigelb zur Milch geben und vorsichtig verrühren.

i) In der Schüssel eines freistehenden Mixers mit Rühraufsatz 3 ½ Tassen Allzweckmehl, ¼ Tasse Kristallzucker, 2 ¼ Teelöffel Instanthefe und einen Teelöffel koscheres Salz vermischen. Die Milchmischung dazugeben und verrühren, bis alles gut vermischt ist.

j) Wechseln Sie zum Knethaken und kneten Sie den Teig etwa 3 Minuten lang bei niedriger Geschwindigkeit. Der Teig wird klebrig aussehen, aber das ist in Ordnung. Fügen Sie 6 Esslöffel ungesalzene Butter hinzu, ein oder zwei Würfel auf einmal. Wenn die Butter nicht eingearbeitet ist, nehmen Sie die Schüssel aus dem Mixer und kneten Sie die Butter eine Minute lang mit den Händen ein, um den Vorgang zu starten. Fügen Sie einfach weiter hinzu und kneten Sie, bis alles gut vermischt ist.

k) Sobald die Butter eingearbeitet ist, erhöhen Sie die Rührgeschwindigkeit auf mittel und kneten den Teig noch einige Minuten, bis der Teig glatt und elastisch ist.

l) Geben Sie den Teig in eine leicht gefettete mittelgroße Schüssel, decken Sie ihn mit Plastikfolie ab und stellen Sie ihn mindestens drei Stunden lang, vorzugsweise jedoch über Nacht, in den Kühlschrank.

m) Wenn der Teig abgekühlt ist, zwei Backbleche mit Backpapier auslegen. Sprühen Sie das Backpapier großzügig mit Kochspray ein.

n) Geben Sie den kalten Teig auf eine leicht bemehlte Arbeitsfläche und rollen Sie ihn zu einem groben, etwa 23 x 33 cm großen Rechteck mit einer Dicke von etwa ½ Zoll aus. Mit einem 3 ½-Zoll-Ausstecher 12 Teigrunden ausstechen und auf die vorbereiteten Blätter legen.

o) Streuen Sie eine leichte Schicht Mehl über die Oberseite jeder Teigrunde und bedecken Sie sie leicht mit Plastikfolie.

p) An einem warmen Ort gehen lassen, bis der Teig etwa eine Stunde lang voluminös ist und bei leichtem Druck langsam wieder zurückspringt.

q) Wenn Sie bereit sind, die Donuts zu braten, legen Sie einen Rost mit Papiertüchern aus. Geben Sie 1 Tasse Kristallzucker in eine mittelgroße Schüssel. Geben Sie Pflanzenöl in einen mittelgroßen Topf mit starkem Boden, bis Sie etwa 5 cm Öl haben.

r) Befestigen Sie ein Zuckerthermometer an der Seite des Topfes und erhitzen Sie das Öl auf 375 (F). Geben Sie vorsichtig 1 bis 2 Donuts in das Öl und braten Sie sie etwa 1 bis 2 Minuten pro Seite goldbraun.

s) Mit einem Schaumlöffel die Donuts aus dem Öl fischen und auf den vorbereiteten Rost legen. Nach etwa 1 bis 2 Minuten, wenn der Donut kühl genug zum Anfassen ist, werfen Sie ihn in die Schüssel mit Kristallzucker, bis er bedeckt ist. Mit dem restlichen Teig wiederholen.

t) Um die Donuts zu füllen, stechen Sie mit der Bismarck-Spritzspitze (oder dem Stiel eines Holzlöffels) jeweils ein Loch in eine Seite und achten Sie darauf, dass Sie nicht bis zur anderen Seite durchstechen. Füllen Sie einen Spritzbeutel mit einer kleinen runden Spitze (oder, wenn Sie möchten, eine Bismarck-Donut-Spitze) mit dem Passionsfruchtquark. Führen Sie die Spitze des Spritzbeutels in das Loch ein und drücken Sie ihn vorsichtig zusammen, um jeden Donut zu füllen. Überschüssigen Quark als Dip dazu servieren (passt auch gut zu Waffeln!). Die Donuts sind am besten am Tag ihrer Herstellung.

2. Passionsfruchtpfannkuchen

ZUTATEN:
- 1 ½ Tassen Allzweckmehl
- 3 ½ Teelöffel Backpulver
- 1 Esslöffel Zucker
- ¼ ein Teelöffel salz
- 1 ¼ Tassen Milch
- 1 Ei
- 3 Esslöffel geschmolzene Butter
- ¼ Tasse Passionsfruchtmark

ANWEISUNGEN:

a) In einer großen Rührschüssel Mehl, Backpulver, Zucker und Salz vermischen.

b) In einer separaten Schüssel Milch, Ei, geschmolzene Butter und Passionsfruchtmark verquirlen.

c) Die feuchten Zutaten zu den trockenen Zutaten hinzufügen und verrühren, bis alles gut vermischt ist.

d) Eine beschichtete Pfanne bei mittlerer Hitze erhitzen.

e) Gießen Sie den Teig mit einem ¼-Tassen-Messgerät in die Pfanne.

f) Backen Sie die Pfannkuchen, bis sich auf der Oberfläche Blasen bilden, drehen Sie sie dann um und backen Sie sie, bis die andere Seite goldbraun ist.

g) Mit Butter, Sirup und zusätzlichem Passionsfruchtmark servieren.

3. Passionsfrucht-Joghurt-Parfait

ZUTATEN:
- 2 Tassen griechischer Naturjoghurt
- ½ Tasse Passionsfruchtmark
- ¼ Tasse Honig
- 1 Tasse Müsli

ANWEISUNGEN:
a) In einer Rührschüssel griechischen Joghurt, Passionsfruchtmark und Honig vermischen.
b) Die Joghurtmischung und das Müsli in ein Glas oder Gefäß schichten.
c) Mit zusätzlichem Passionsfruchtmark und Müsli belegen.
d) Sofort servieren.

4. Passionsfrucht-French-Toast

ZUTATEN:
- 8 Scheiben Brot
- 4 Eier
- ½ Tasse Milch
- ¼ Tasse Passionsfruchtmark
- 2 Esslöffel Butter
- Puderzucker zum Servieren

ANWEISUNGEN:

a) In einer flachen Schüssel Eier, Milch und Passionsfruchtmark verquirlen.

b) Eine beschichtete Pfanne bei mittlerer Hitze erhitzen und 1 Esslöffel Butter schmelzen.

c) Tauchen Sie jede Brotscheibe in die Eimischung und bestreichen Sie beide Seiten damit.

d) Das Brot in der Pfanne von beiden Seiten goldbraun backen.

e) Wiederholen Sie den Vorgang mit den restlichen Brotscheiben und fügen Sie nach Bedarf mehr Butter hinzu.

f) Mit Puderzucker und zusätzlichem Passionsfruchtmark servieren.

5. Passionsfrucht-Scones

ZUTATEN:
- 2 Tassen Allzweckmehl
- ⅓ eine Tasse Zucker
- 1 Esslöffel Backpulver
- ½ ein Teelöffel salz
- ½ Tasse ungesalzene Butter, gekühlt und gewürfelt
- ⅔ Tasse Passionsfruchtmark
- ½ Tasse Sahne

ANWEISUNGEN:
a) Heizen Sie den Ofen auf 400 °F vor.
b) In einer Rührschüssel Mehl, Zucker, Backpulver und Salz vermischen.
c) Fügen Sie die gekühlte Butter hinzu und schneiden Sie die Butter mit einem Mixer oder mit den Händen in die trockenen Zutaten, bis die Mischung krümelig ist.
d) Das Passionsfruchtmark und die Sahne dazugeben und rühren, bis ein Teig entsteht.
e) Den Teig auf eine bemehlte Fläche geben und zu einem Kreis formen.
f) Den Teig in 8 Stücke schneiden
g) Die Scones auf ein mit Backpapier ausgelegtes Backblech legen.
h) 18–20 Minuten backen oder bis es goldbraun ist.
i) Warm mit Butter und zusätzlichem Passionsfruchtmark servieren.

6. Passionsfrucht-Muffins

ZUTATEN:
- 2 Tassen Allzweckmehl
- 2 Teelöffel Backpulver
- ½ ein Teelöffel salz
- ½ Tasse ungesalzene Butter, weich
- 1 Tasse Zucker
- 2 Eier
- ½ Tasse Passionsfruchtmark
- ½ Tasse Milch
- 1 Teelöffel Vanilleextrakt

ANWEISUNGEN:
a) Heizen Sie den Ofen auf 375 °F vor.
b) Mehl, Backpulver und Salz in einer Rührschüssel verrühren.
c) In einer separaten Schüssel Butter und Zucker schaumig rühren, bis die Masse leicht und locker ist.
d) Die Eier einzeln unterrühren und anschließend das Passionsfruchtmark hinzufügen.
e) Geben Sie nach und nach die trockenen Zutaten abwechselnd mit der Milch zur feuchten Mischung.
f) Den Vanilleextrakt einrühren.
g) Den Teig in eine mit Papierförmchen ausgelegte Muffinform füllen.
h) 18–20 Minuten backen oder bis ein in die Mitte gesteckter Zahnstocher sauber herauskommt.
i) Warm servieren.

7. Passionsfrucht-Crepes

ZUTATEN:
- 1 Tasse Allzweckmehl
- 2 Eier
- ½ Tasse Milch
- ½ Tasse Wasser
- 2 Esslöffel Zucker
- ¼ ein Teelöffel salz
- ¼ Tasse ungesalzene Butter, geschmolzen
- ½ Tasse Passionsfruchtmark

ANWEISUNGEN:

a) Mehl, Eier, Milch, Wasser, Zucker und Salz in einer Rührschüssel glatt rühren.

b) Zerlassene Butter und Passionsfruchtmark unterrühren.

c) Eine beschichtete Pfanne bei mittlerer Hitze erhitzen.

d) Gießen Sie ¼ Tasse Teig in die Pfanne und schwenken Sie ihn, bis er den Boden der Pfanne bedeckt.

e) Kochen Sie den Crêpe, bis sich die Ränder zu heben beginnen und die Oberfläche trocken ist. Drehen Sie ihn dann um und kochen Sie ihn weitere 10–15 Sekunden lang.

f) Wiederholen Sie den Vorgang mit dem restlichen Teig und stapeln Sie die fertigen Crêpes auf einem Teller.

g) Nach Belieben mit zusätzlichem Passionsfruchtmark und Schlagsahne servieren.

8. Passionsfrucht-Haferquadrate

ZUTATEN:
- 1 ½ Tassen Allzweckmehl
- 1 Tasse Haferflocken
- ½ Tasse brauner Zucker
- ½ ein Teelöffel salz
- ½ Tasse ungesalzene Butter, geschmolzen
- ½ Tasse Passionsfruchtmark
- ¼ Tasse Honig

ANWEISUNGEN:

a) Heizen Sie den Ofen auf 350 °F vor.
b) In einer Rührschüssel Mehl, Haferflocken, braunen Zucker und Salz vermischen.
c) Die geschmolzene Butter, das Passionsfruchtmark und den Honig hinzufügen und rühren, bis die Mischung krümelig ist.
d) Drücken Sie die Mischung in eine quadratische 9-Zoll-Auflaufform.
e) 25–30 Minuten backen oder bis es goldbraun ist.
f) Vor dem Schneiden in Riegel abkühlen lassen.
g) Als Frühstücks- oder Brunch-Snack servieren.

9. Passionsfrucht-Teufelseier

ZUTATEN:
- 6 hartgekochte Eier, geschält und halbiert
- ¼ Tasse Mayonnaise
- 1 Esslöffel Dijon-Senf
- ¼ Tasse Passionsfruchtmark
- Salz und Pfeffer nach Geschmack
- Gehackter Schnittlauch zum Garnieren

ANWEISUNGEN:

a) In einer Schüssel Eigelb, Mayonnaise, Dijon-Senf, Passionsfruchtmark, Salz und Pfeffer glatt rühren.
b) Die Mischung in die Eiweißhälften geben.
c) Mit gehacktem Schnittlauch bestreuen.
d) Vor dem Servieren mindestens 30 Minuten im Kühlschrank ruhen lassen.

10. Passionsfrucht-Haferflocken

ZUTATEN:
1 Tasse Haferflocken
2 Tassen Wasser
Prise Salz
2 Passionsfrüchte
2 Esslöffel Honig
Gehobelte Mandeln oder Kokosraspeln als Belag (optional)

ANWEISUNGEN:
In einem Topf Wasser zum Kochen bringen.
Haferflocken und Salz hinzufügen, Hitze reduzieren und etwa 5 Minuten köcheln lassen, dabei gelegentlich umrühren.
Die Passionsfrüchte halbieren und das Fruchtfleisch herauslöffeln.
Das Passionsfruchtmark unter die gekochten Haferflocken rühren.
Mit Honig süßen und gut umrühren.
Vom Herd nehmen und eine Minute ruhen lassen.
Servieren Sie die Haferflocken heiß und garnieren Sie sie nach Wunsch mit Mandelblättchen oder Kokosraspeln.

11. Rosa Passionsfrucht-Frühstücks-Quinoa

ZUTATEN:
- 1 Tasse rote Quinoa
- 1 gelbe Paprika
- 1 Passionsfrucht
- 3 Esslöffel Balsamico-Essig
- 1 Teelöffel Kokosblütenzucker

ANWEISUNGEN:

a) Spülen Sie den roten Quinoa gründlich unter fließendem Wasser ab, um eventuelle Bitterstoffe zu entfernen.

b) In einem mittelgroßen Topf die abgespülte Quinoa mit 2 Tassen Wasser vermischen. Bringen Sie es zum Kochen.

c) Sobald es zu kochen beginnt, reduzieren Sie die Hitze auf eine niedrige Stufe, decken Sie den Topf ab und lassen Sie das Quinoa etwa 15 bis 20 Minuten köcheln, bis das Wasser aufgesogen und das Quinoa weich ist. Leg es zur Seite.

d) Während die Quinoa kocht, bereiten Sie die anderen Zutaten vor. Die gelbe Paprika in kleine Stücke schneiden.

e) Schneiden Sie die Passionsfrucht in zwei Hälften, löffeln Sie die Kerne und das Fruchtfleisch aus und geben Sie sie in eine kleine Schüssel.

f) In einer separaten kleinen Schüssel Balsamico-Essig und Kokosnusszucker verrühren, bis sich der Zucker aufgelöst hat.

g) Sobald die Quinoa gekocht ist, geben Sie sie in eine Servierschüssel.

h) Die gewürfelte gelbe Paprika sowie die Passionsfruchtkerne und das Fruchtfleisch zum Quinoa geben.

i) Die Mischung aus Balsamico-Essig und Kokosnusszucker über die Quinoa träufeln und alles vorsichtig verrühren, bis alles gut vermischt ist.

j) Abschmecken und bei Bedarf nachwürzen.

k) Servieren Sie das Passion Fruit Breakfast Quinoa warm oder bei Zimmertemperatur.

12. Passionsfrucht-Frühstücksschale

ZUTATEN:

1 Tasse griechischer Naturjoghurt
1/2 Tasse Müsli
1 Banane, in Scheiben geschnitten
1 Passionsfrucht
1 Esslöffel Honig

ANWEISUNGEN:

In einer Schüssel griechischen Joghurt, Müsli und Bananenscheiben schichten.
Die Passionsfrucht halbieren und das Fruchtfleisch herauslöffeln.
Geben Sie das Passionsfruchtmark auf die Schüssel.
Für zusätzliche Süße mit Honig beträufeln.
Vor dem Genießen alle Zutaten miteinander vermischen.

VORSPEISEN UND SNACKS

13. Passionsfrucht-Ceviche-Solero

ZUTATEN:
- 1 Pfund Garnelen; gereinigt, geschält und geschnitten
- 1 Pfund Schnapperfilets; gehäutet und geschnitten
- 1 Esslöffel Olivenöl
- 1 Esslöffel frischer Orangensaft
- 1 Esslöffel weißer Essig
- ½ Tasse frischer Limettensaft
- 1 Esslöffel Knoblauch; gehackt
- 1 Esslöffel rote Zwiebel; gehackt
- 4 Unzen gewürfelte rote Paprika (ca. 3/8 Tasse)
- 1 Jalapeño; gewürfelt
- 1 Prise gemahlener Kreuzkümmel
- 1 Teelöffel Salz
- 1 Esslöffel gehackte Korianderblätter
- 2 Esslöffel Passionsfruchtpüree

ANWEISUNGEN:

a) Garnelen 1 Minute lang in kochendem Wasser kochen, bis sie bedeckt sind. Abseihen und abgedeckt im Kühlschrank lagern, bis es abgekühlt ist.

b) Schnapperwürfel, Öl, Orangensaft, Essig, Limettensaft, Knoblauch, Zwiebel, Paprika, Jalapeño, Kreuzkümmel, Salz, Koriander und Passionsfruchtpüree in einer großen Schüssel vermischen. Garnelen hinzufügen; Abdecken und im Kühlschrank mindestens 6 Stunden marinieren.

c) Auf Endivien- oder Salatstreifen servieren, garniert mit Paprikastreifen und Limettenscheiben.

14. Hula-Kekse

ZUTATEN:
- 2½ Tassen Allzweckmehl
- ½ Teelöffel Backpulver
- 1 Tasse vegane Margarine
- 1 Tasse Zucker
- 1½ Teelöffel Eiersatz in 2 Esslöffel Wasser geschlagen
- 2 Teelöffel reiner Vanilleextrakt
- Passionsfruchtmarmelade

ANWEISUNGEN:

a) Heizen Sie den Ofen auf 300 °F vor. In einer mittelgroßen Schüssel Mehl und Backpulver vermischen und gut vermischen. Beiseite legen.

b) In einer großen Schüssel Margarine und Zucker mit einem Elektromixer verrühren, bis die Masse hell und schaumig ist. Ei-Ersatz und Vanille dazugeben und auf mittlerer Stufe glatt rühren.

c) Die trockenen Zutaten zu den feuchten Zutaten geben und auf niedriger Stufe verrühren, bis alles gut vermischt ist. Der Teig sollte fest sein.

d) Nehmen Sie jeweils einen Esslöffel aus dem Teig und rollen Sie ihn zu Kugeln.

e) Legen Sie die Teigkugeln im Abstand von etwa 2,5 cm auf ungefettete Backbleche.

f) Machen Sie mit dem Daumen oder dem hinteren Ende eines 1/4-Teelöffel-Messlöffels eine Vertiefung in der Mitte jeder Teigkugel.

g) In jede Vertiefung 1/4 Teelöffel Marmelade geben. 22 bis 24 Minuten goldbraun backen.

h) Lassen Sie es 5 Minuten lang auf dem Backblech abkühlen, bevor Sie es zum vollständigen Abkühlen auf ein Kuchengitter legen. In einem luftdichten Behälter aufbewahren.

15. Passionsfruchtriegel

ZUTATEN:
FÜR DIE KRUSTE:
- 8 Unzen ungesalzene Butter, geschmolzen und leicht abgekühlt
- ½ Tasse Kristallzucker
- 2 Teelöffel Vanilleextrakt
- ½ Teelöffel Salz
- 2 Tassen Unzen Allzweckmehl

FÜR DIE FÜLLUNG:
- 8 große Eier
- 2 ⅓ Tassen Kristallzucker
- 1 ½ Tassen Passionsfruchtpüree
- ½ Tasse Allzweck-Mehl

ANWEISUNGEN:
So bereiten Sie die Kruste zu:
a) Heizen Sie den Ofen auf 350 Grad Fahrenheit vor. Legen Sie eine 9x13-Pfanne so mit Folie aus, dass sie über die Seiten hinausragt, und sprühen Sie die Folie mit Antihaft-Kochspray ein.

b) In einer Schüssel geschmolzene Butter, Zucker, Vanille und Salz verrühren. Nach dem Mischen das Mehl hinzufügen und mit einem Spatel verrühren, bis alles gut vermischt ist und keine Mehlstreifen mehr vorhanden sind. Kratzen Sie den Teig in die Form und drücken Sie ihn zu einer gleichmäßigen Schicht. Es könnte ein wenig fettig wirken – das ist normal.

c) Backen Sie den Boden 25 bis 30 Minuten lang bei 180 °C (180 °C), bis er oben goldbraun ist. Während die Kruste backt, bereiten Sie die Füllung vor, sodass sie sofort zum Backen bereit ist, sobald die Kruste fertig ist.

ZUBEREITUNG DER FÜLLUNG:
d) In einer großen Schüssel Eier, Kristallzucker und Passionsfruchtpüree verquirlen. Das Mehl über die Eimischung sieben und ebenfalls unterrühren.

e) Wenn die Füllung fertig gebacken ist, schieben Sie den Rost ein Stück aus dem Ofen. Gießen Sie die Füllung über den heißen Boden und schieben Sie ihn zurück in den Ofen. Reduzieren Sie die Temperatur auf 325 F und backen Sie es 25–30 Minuten lang. Es ist fertig, wenn die Mitte kaum noch wackelt, wenn man auf die Pfanne klopft.

f) Sobald Sie fertig sind, nehmen Sie die Pfanne aus dem Ofen und lassen Sie sie abkühlen, bis sie Zimmertemperatur erreicht. Um die saubersten Schnitte zu erzielen, stellen Sie die Riegel in den Kühlschrank und schneiden Sie sie, wenn sie vollständig kalt sind. Zum Schneiden die Riegel aus der Pfanne nehmen und dabei die Folie als Griffe verwenden. Verwenden Sie ein großes, scharfes Kochmesser und wischen Sie es zwischen den Schnitten häufig ab. Vor dem Servieren die Oberseite mit Puderzucker bestreuen. Bewahren Sie Passionsfruchtriegel bis zu einer Woche in einem luftdichten Behälter im Kühlschrank auf.

16. Tahitianische Kaffeebombe

ZUTATEN:
- 2 Unzen Limettensaft
- 1 Tasse Backpulver
- ¼ Tasse einfacher Sirup
- ¼ Tasse Passionsfruchtpüree
- 2 Unzen Kaltbrühkonzentrat
- 3 Unzen Honigsirup
- Wasser
- 2 Unzen Guavenpüree
- ½ Tasse Zitronensäure
- 2 Unzen Orangensaft
- 1 Tasse Superfeiner Zucker
- 5g Akaziengummi

ANWEISUNGEN:

a) Alle Zutaten in eine Schüssel abmessen.

b) Bearbeiten Sie die Mischung mit Ihren Händen, bis eine sandige Konsistenz entsteht.

c) Aus der Mischung Kugeln formen und zum Festwerden in eine Form geben.

d) Aus der Form nehmen und dann in einem luftdichten Behälter im Kühlschrank oder auf der Theke aufbewahren.

17. Passionsfrucht-Hummus

ZUTATEN:
- 1 Dose Kichererbsen, abgetropft und abgespült
- ¼ Tasse Tahini
- ¼ Tasse Passionsfruchtmark
- 2 Knoblauchzehen, gehackt
- ¼ Tasse Olivenöl
- Salz und Pfeffer nach Geschmack

ANWEISUNGEN:

a) In einer Küchenmaschine Kichererbsen, Tahini, Passionsfruchtmark, Knoblauch, Olivenöl, Salz und Pfeffer vermischen.

b) Zu einer glatten und cremigen Masse verarbeiten.

c) Vor dem Servieren mindestens 30 Minuten im Kühlschrank ruhen lassen.

d) Mit Pita-Chips oder frischem Gemüse servieren.

18. Passionsfrucht-Bruschetta

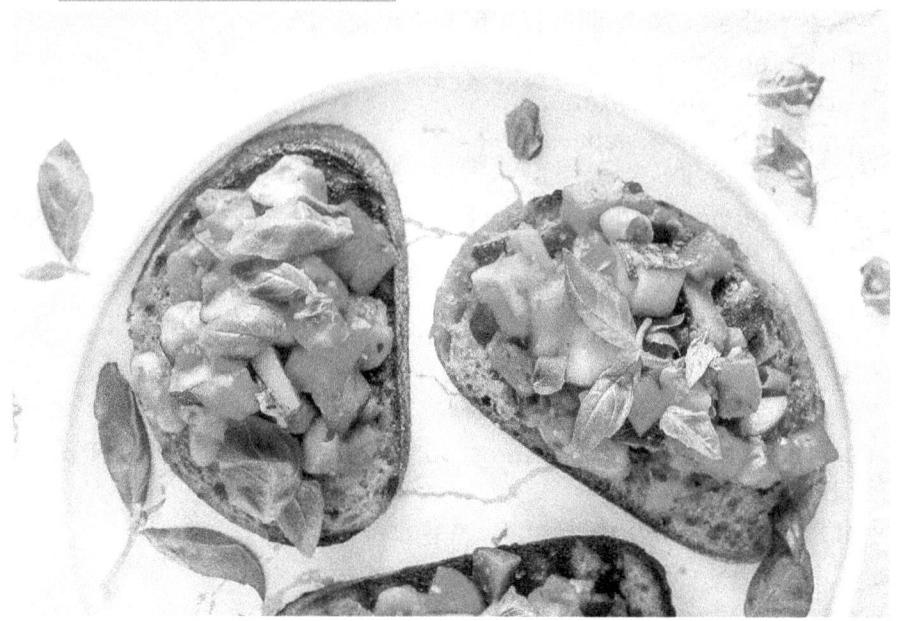

ZUTATEN:
- 1 Baguette, in Scheiben geschnitten
- ¼ Tasse Olivenöl
- 2 Knoblauchzehen, gehackt
- 1 Tasse Kirschtomaten, gewürfelt
- ¼ Tasse gewürfelte rote Zwiebel
- ¼ Tasse gehacktes frisches Basilikum
- ¼ Tasse Passionsfruchtmark
- Salz und Pfeffer nach Geschmack

ANWEISUNGEN:
a) Heizen Sie den Ofen auf 350 °F vor.
b) Die Baguettescheiben auf einem Backblech anordnen.
c) In einer kleinen Schüssel das Olivenöl und den gehackten Knoblauch vermischen.
d) Die Baguettescheiben mit dem Knoblauchöl bestreichen.
e) 5-7 Minuten backen oder bis es leicht geröstet ist.
f) In einer separaten Schüssel die gewürfelten Tomaten, die rote Zwiebel, das Basilikum, das Passionsfruchtmark, Salz und Pfeffer vermischen.
g) Die Tomatenmischung auf die gerösteten Baguettescheiben geben.
h) Sofort servieren.

19. Passionsfrucht-Hähnchenflügel

ZUTATEN:
- 2 Pfund Chicken Wings
- ¼ Tasse Passionsfruchtmark
- ¼ Tasse Honig
- 2 Esslöffel Sojasauce
- 2 Knoblauchzehen, gehackt
- 1 Teelöffel geriebener frischer Ingwer
- Salz und Pfeffer nach Geschmack

ANWEISUNGEN:
a) Heizen Sie den Ofen auf 400 °F vor.
b) Die Hähnchenflügel auf einem Backblech anrichten.
c) In einer kleinen Schüssel Passionsfruchtmark, Honig, Sojasauce, Knoblauch, Ingwer, Salz und Pfeffer vermischen.
d) Die Hähnchenflügel mit der Passionsfruchtglasur bestreichen.
e) 30-35 Minuten backen oder bis alles gar und goldbraun ist.
f) Heiß servieren.

20. Passionsfrucht-Müsliriegel

ZUTATEN:

2 Tassen Haferflocken
1 Tasse Kokosraspeln
1/2 Tasse Mandelbutter
1/3 Tasse Honig
1/4 Tasse gehackte Nüsse (z. B. Mandeln, Cashewnüsse oder Walnüsse)
1/4 Tasse Trockenfrüchte (z. B. Rosinen, Preiselbeeren oder gehackte Datteln)
2 Passionsfrüchte
1 Teelöffel Vanilleextrakt

ANWEISUNGEN:

Heizen Sie den Ofen auf 175 °C (350 °F) vor und legen Sie eine Auflaufform mit Backpapier aus.
In einer großen Schüssel Haferflocken, Kokosraspeln, Mandelbutter, Honig, gehackte Nüsse, Trockenfrüchte, Passionsfruchtmark und Vanilleextrakt vermischen.
Gut vermischen, bis alle Zutaten gleichmäßig verteilt sind.
Geben Sie die Mischung in die vorbereitete Auflaufform und drücken Sie sie fest an.
15–20 Minuten backen oder bis es goldbraun ist.
Nehmen Sie es aus dem Ofen und lassen Sie es vollständig abkühlen, bevor Sie es in Riegel schneiden.

21. Passionsfrucht-Krabbencocktail

ZUTATEN:
- 1 Pfund gekochte und gekühlte Garnelen, geschält und entdarmt
- ¼ Tasse Passionsfruchtmark
- ¼ Tasse Ketchup
- 1 Esslöffel Meerrettich
- 1 Esslöffel Worcestershire-Sauce
- 1 Esslöffel Limettensaft
- Salz und Pfeffer nach Geschmack

ANWEISUNGEN:

a) In einer Schüssel Passionsfruchtmark, Ketchup, Meerrettich, Worcestershire-Sauce, Limettensaft, Salz und Pfeffer vermischen.

b) Die gekühlten Garnelen auf einer Servierplatte anrichten.

c) Die Passionsfrucht-Cocktailsauce zum Dippen als Beilage servieren.

22. Passionsfrucht-Garnelenspieße

ZUTATEN:

Garnelen, geschält und entdarmt
2 Passionsfrüchte
Olivenöl
Salz und Pfeffer nach Geschmack
Frische Korianderblätter, gehackt

ANWEISUNGEN:

Heizen Sie den Grill oder die Grillpfanne auf mittlere bis hohe Hitze vor.
Die Passionsfrüchte halbieren und das Fruchtfleisch herauslöffeln.
Die Garnelen auf Spieße stecken.
Die Garnelen mit Olivenöl bestreichen und mit Salz, Pfeffer und gehacktem Koriander bestreuen.
Grillen Sie die Garnelen etwa 2–3 Minuten pro Seite, bis sie rosa und gar sind.
Die Garnelen vom Grill nehmen und mit Passionsfruchtmark beträufeln.
Als Vorspeise oder leichter Snack servieren.

23. Passionsfrucht-Guacamole

ZUTATEN:
2 reife Avocados
2 Passionsfrüchte
1 kleine rote Zwiebel, fein gehackt
1 kleine Tomate, gewürfelt
Saft von 1 Limette
Salz und Pfeffer nach Geschmack
Frische Korianderblätter, gehackt

ANWEISUNGEN:

Die Avocados halbieren, den Kern entfernen und das Fruchtfleisch in eine Schüssel geben.
Die Passionsfrüchte halbieren und das Fruchtfleisch herauslöffeln.
Passionsfruchtmark, rote Zwiebel, Tomate, Limettensaft, Salz, Pfeffer und Koriander in die Schüssel mit der Avocado geben.
Alles mit einer Gabel zerdrücken, bis die gewünschte Konsistenz erreicht ist.
Gewürze nach Geschmack anpassen.
Mit Tortillachips oder als Aufstrich für Sandwiches servieren.

24. Passionsfrucht-Schinken-Käse-Roll-Ups

ZUTATEN:
Feinkostschinken in Scheiben geschnitten
Scheibenkäse (Cheddar, Schweizer Käse oder Ihre bevorzugte Sorte)
2 Passionsfrüchte
Frische Basilikumblätter

ANWEISUNGEN:
Legen Sie eine Scheibe Schinken auf eine saubere Oberfläche.
Eine Scheibe Käse auf den Schinken legen.
Die Passionsfrüchte halbieren und das Fruchtfleisch herauslöffeln.
Eine kleine Menge Passionsfruchtmark auf den Käse geben.
Mit ein paar frischen Basilikumblättern belegen.
Schinken und Käse fest aufrollen.
Bei Bedarf mit Zahnstochern fixieren.
Mit dem restlichen Schinken, Käse, Passionsfruchtmark und Basilikum wiederholen.
Als mundgerechte Vorspeise oder Snack servieren.

25. Passionsfrucht-Caprese-Spieße

ZUTATEN:
Kirschtomaten
Frische Mozzarella-Kugeln
Frische Basilikumblätter
2 Passionsfrüchte
Balsamico-Glasur

ANWEISUNGEN:

Auf jeden Spieß eine Kirschtomate, eine Mozzarellakugel und ein frisches Basilikumblatt stecken.
Die Passionsfrüchte halbieren und das Fruchtfleisch herauslöffeln.
Das Passionsfruchtmark über die Spieße träufeln.
Mit Balsamico-Glasur beträufeln.
Die Spieße auf einer Platte anrichten.
Als Vorspeise oder Snack servieren.

26. Passionsfrucht und Prosciutto Crostini

ZUTATEN:
Baguettescheiben, geröstet
Ziegenkäse oder Frischkäse
Scheiben Prosciutto
2 Passionsfrüchte
Frische Minzblätter
ANWEISUNGEN:

Jede Baguettescheibe mit einer Schicht Ziegenkäse oder Frischkäse bestreichen.
Eine Scheibe Prosciutto darauf legen.
Die Passionsfrüchte halbieren und das Fruchtfleisch herauslöffeln.
Eine kleine Menge Passionsfruchtmark auf den Prosciutto geben.
Mit frischen Minzblättern garnieren.
Als elegante Vorspeise servieren.

27. Passionsfrucht-Energiekugeln

ZUTATEN:

1 Tasse Datteln, entkernt
1 Tasse Mandeln
2 Esslöffel Chiasamen
2 Esslöffel Kokosraspeln
2 Passionsfrüchte
1 Esslöffel Honig (optional)

ANWEISUNGEN:

Datteln, Mandeln, Chiasamen, Kokosraspeln und das Fruchtfleisch der Passionsfrüchte in eine Küchenmaschine geben.
Verarbeiten, bis die Mischung zusammenkommt und einen klebrigen Teig bildet.
Wenn die Mischung zu trocken ist, Honig hinzufügen und erneut verarbeiten.
Rollen Sie die Mischung mit Ihren Händen zu kleinen Kugeln.
Geben Sie die Energy Balls in einen luftdichten Behälter und stellen Sie sie mindestens 30 Minuten lang in den Kühlschrank, damit sie fest werden.
Als gesunder Snack für unterwegs servieren.

28. Passionsfrucht-Joghurt-Dip

ZUTATEN:
1 Tasse griechischer Joghurt
2 Passionsfrüchte
1 Esslöffel Honig
Geschnittenes Obst oder Cracker zum Dippen
ANWEISUNGEN:

Die Passionsfrüchte halbieren und das Fruchtfleisch herauslöffeln.
In einer Schüssel griechischen Joghurt, Passionsfruchtmark und Honig vermischen.
Gut umrühren, bis alle Zutaten vollständig eingearbeitet sind.
Servieren Sie den Joghurt-Dip mit geschnittenem Obst oder Crackern.
Als leichten und würzigen Snack genießen.

HAUPTKURS

29. Hähnchenbrust mit Passionsfruchtsauce

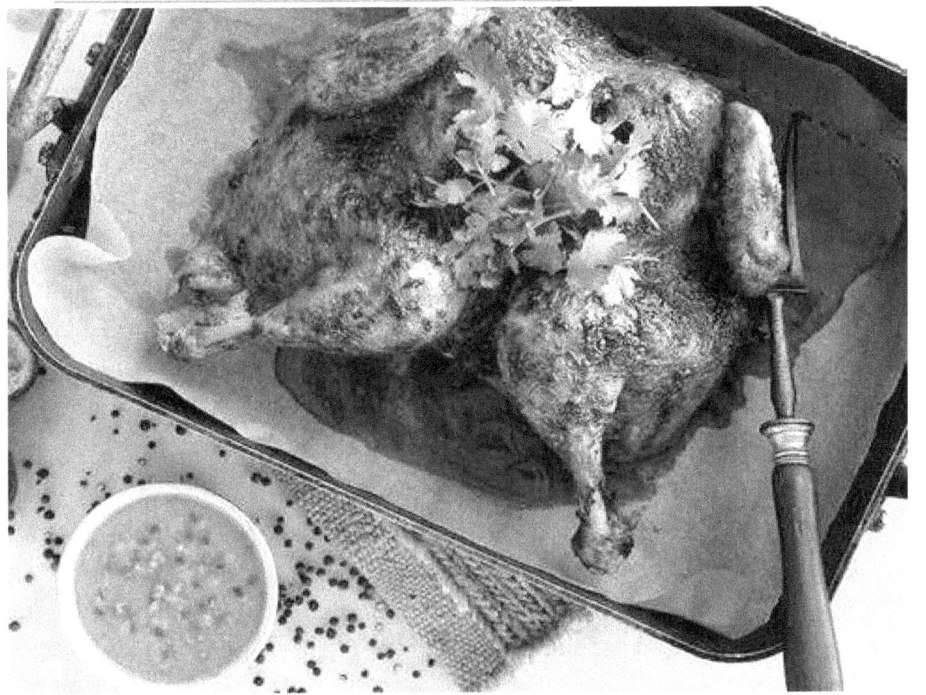

ZUTATEN:

- 4 Hähnchenbrüste
- 4 Passionsfrüchte; halbieren, entkernen und das Fruchtfleisch aufbewahren
- 1 Esslöffel Jack Daniel's
- 2-Sterne-Anis
- 2 Unzen Ahornsirup
- 1 Bund Schnittlauch; gehackt
- Salz und schwarzer Pfeffer

ANWEISUNGEN:

a) Eine Pfanne mit dem Passionsfruchtmark bei mittlerer Hitze erhitzen, Jack Daniel's, Sternanis, Ahornsirup und Schnittlauch hinzufügen; Gut umrühren, 5-6 Minuten köcheln lassen und vom Herd nehmen.

b) Hähnchen mit Salz und Pfeffer würzen, in die vorgeheizte Heißluftfritteuse geben und 10 Minuten bei 360 °F garen; halb umdrehen. Das Hähnchen auf Teller verteilen, die Soße etwas erhitzen, über das Hähnchen träufeln und servieren.

30. Marinierter Thunfisch mit Passionsfrucht

ZUTATEN:
- 3 cm dickes Stück Thunfischfilet,
- 2 kleine, reife und faltige Passionsfrüchte,
- 1 Esslöffel Limettensaft
- 3 Esslöffel Sonnenblumenöl
- 1 mittelscharfe grüne Chilischote
- 1 Teelöffel Puderzucker
- 1½ Esslöffel fein gehackter Koriander

ANWEISUNGEN:

a) Legen Sie das Stück Thunfischfilet auf ein Brett und schneiden Sie es quer in sehr dünne Scheiben. Legen Sie die Scheiben nebeneinander, aber dicht aneinander liegend, auf den Boden von vier großen Tellern. Decken Sie jedes Stück mit Frischhaltefolie ab und kühlen Sie es mindestens 1 Stunde lang oder bis zum Servieren.

b) Kurz vor dem Servieren das Marinierdressing zubereiten. Die Passionsfrucht halbieren und das Fruchtfleisch in ein Sieb über einer Schüssel geben. Reiben Sie das Fruchtfleisch durch das Sieb, um den Saft zu extrahieren, und entsorgen Sie die Kerne. Es sollte etwa ein Esslöffel Saft übrig bleiben. Limettensaft, Sonnenblumenöl, grüne Chili, Zucker, Koriander, ½ Teelöffel Salz und etwas frisch gemahlenen Pfeffer unterrühren.

c) Zum Servieren die Teller abdecken, das Dressing darüber löffeln und mit der Rückseite des Löffels auf der Oberfläche des Fisches verteilen.

d) Vor dem Servieren 10 Minuten ruhen lassen.

31. Passionsfrucht-Hühnchen-Curry

ZUTATEN:
- 2 Esslöffel Pflanzenöl
- 1 Zwiebel, gehackt
- 2 Knoblauchzehen, gehackt
- 1 Esslöffel geriebener frischer Ingwer
- 1 Teelöffel gemahlener Koriander
- 1 Teelöffel gemahlener Kreuzkümmel
- 1 Teelöffel Kurkuma
- 1 Teelöffel Paprika
- ½ Teelöffel Zimt
- ¼ Teelöffel Cayennepfeffer
- 1 Pfund Hähnchenschenkel ohne Knochen und Haut, gewürfelt
- 1 Dose (14 Unzen) Kokosmilch
- ½ Tasse Hühnerbrühe
- ¼ Tasse Passionsfruchtmark
- 1 Esslöffel Honig
- Salz und Pfeffer nach Geschmack
- Gekochter Reis zum Servieren

ANWEISUNGEN:

a) In einem großen Topf das Pflanzenöl bei mittlerer bis hoher Hitze erhitzen.

b) Zwiebel, Knoblauch und Ingwer hinzufügen und 2-3 Minuten kochen lassen, oder bis sie weich sind.

c) Koriander, Kreuzkümmel, Kurkuma, Paprika, Zimt und Cayennepfeffer hinzufügen und weitere 1-2 Minuten kochen lassen, oder bis es duftet.

d) Die Hähnchenstücke dazugeben und 5–7 Minuten braten, bis sie von allen Seiten gebräunt sind.

e) Kokosmilch, Hühnerbrühe, Passionsfruchtmark und Honig hinzufügen und verrühren.

f) Bringen Sie die Mischung zum Kochen und kochen Sie sie 20–25 Minuten lang oder bis das Huhn gar ist und die Soße eingedickt ist.

g) Mit Salz und Pfeffer abschmecken.

h) Das Curry mit gekochtem Reis servieren.

32. Passionsfruchtglasiertes Schweinefilet

ZUTATEN:
- 1 ½ Pfund Schweinefilet
- Salz und Pfeffer nach Geschmack
- 1 Esslöffel Olivenöl
- ½ Tasse Passionsfruchtmark
- ¼ Tasse Honig
- 1 Esslöffel Dijon-Senf
- 1 Esslöffel Sojasauce
- 1 Esslöffel Apfelessig
- 1 Teelöffel geriebener frischer Ingwer
- ½ Teelöffel Knoblauchpulver

ANWEISUNGEN:
a) Heizen Sie den Ofen auf 375 °F vor.
b) Das Schweinefilet mit Salz und Pfeffer würzen.
c) Erhitzen Sie das Olivenöl in einer ofenfesten Pfanne bei mittlerer bis hoher Hitze.
d) Das Schweinefilet dazugeben und von allen Seiten etwa 2-3 Minuten pro Seite anbraten, bis es braun ist.
e) In einer kleinen Schüssel Passionsfruchtmark, Honig, Dijon-Senf, Sojasauce, Apfelessig, Ingwer und Knoblauchpulver verrühren.
f) Die Passionsfruchtglasur über das Schweinefilet streichen.
g) Stellen Sie die Pfanne in den Ofen und backen Sie sie 20 bis 25 Minuten lang oder bis die Innentemperatur des Schweinefilets 145 °F erreicht.
h) Lassen Sie das Schweinefilet 5–10 Minuten ruhen, bevor Sie es in Scheiben schneiden.
i) Servieren Sie das Schweinefilet mit der restlichen Passionsfruchtglasur als Beilage.

33. Passionsfruchtglasierter Lachs

ZUTATEN:
4 Lachsfilets
Salz und Pfeffer nach Geschmack
Saft aus 2 Passionsfrüchten
2 Esslöffel Honig
1 Esslöffel Sojasauce
1 Esslöffel geriebener Ingwer
2 Knoblauchzehen, gehackt

ANWEISUNGEN:

Heizen Sie den Ofen auf 400 °F (200 °C) vor.
Die Lachsfilets mit Salz und Pfeffer würzen.
In einer kleinen Schüssel Passionsfruchtsaft, Honig, Sojasauce, geriebenen Ingwer und gehackten Knoblauch verrühren.
Die Lachsfilets auf ein mit Backpapier ausgelegtes Backblech legen.
Die Passionsfruchtglasur über die Lachsfilets streichen.
12–15 Minuten backen oder bis der Lachs gar ist.
Servieren Sie den glasierten Lachs mit gedünstetem Reis oder geröstetem Gemüse.

34. Passionsfrucht-Garnelen-Pfanne

ZUTATEN:
1 Pfund Garnelen, geschält und entdarmt
Salz und Pfeffer nach Geschmack
2 Esslöffel Pflanzenöl
1 rote Paprika, in Scheiben geschnitten
1 gelbe Paprika, in Scheiben geschnitten
1 Zwiebel, in Scheiben geschnitten
2 Knoblauchzehen, gehackt
Saft aus 2 Passionsfrüchten
2 Esslöffel Sojasauce
1 Esslöffel Honig
Frische Korianderblätter zum Garnieren
ANWEISUNGEN:

Die Garnelen mit Salz und Pfeffer würzen.
Erhitzen Sie das Pflanzenöl in einer großen Pfanne oder im Wok bei mittlerer bis hoher Hitze.
Fügen Sie die Garnelen hinzu und kochen Sie sie 2–3 Minuten pro Seite, bis sie rosa und gar sind.
Die Garnelen aus der Pfanne nehmen und beiseite stellen.
In dieselbe Pfanne die geschnittenen Paprikaschoten, die Zwiebel und den gehackten Knoblauch geben.
3–4 Minuten unter Rühren braten, bis das Gemüse zart-knusprig ist.
In einer kleinen Schüssel den Passionsfruchtsaft, die Sojasauce und den Honig verrühren.
Die Sauce über das Gemüse in der Pfanne gießen und eine weitere Minute kochen lassen.
Geben Sie die gekochten Garnelen zurück in die Pfanne und vermischen Sie alles, bis es mit der Soße bedeckt ist.
Vom Herd nehmen und mit frischen Korianderblättern garnieren.
Servieren Sie die gebratenen Passionsfrucht-Garnelen über gedünstetem Reis oder Nudeln.

35. Passionsfrucht-Tofu-Pfanne

ZUTATEN:
1 Block fester Tofu, abgetropft und in Würfel geschnitten
Salz und Pfeffer nach Geschmack
2 Esslöffel Pflanzenöl
1 rote Paprika, in Scheiben geschnitten
1 gelbe Paprika, in Scheiben geschnitten
1 Zwiebel, in Scheiben geschnitten
2 Knoblauchzehen, gehackt
Saft aus 2 Passionsfrüchten
2 Esslöffel Sojasauce
1 Esslöffel Honig
Frische Korianderblätter zum Garnieren
ANWEISUNGEN:

Die Tofuwürfel mit Salz und Pfeffer würzen.
Erhitzen Sie das Pflanzenöl in einer großen Pfanne oder im Wok bei mittlerer bis hoher Hitze.
Die Tofuwürfel dazugeben und 4–5 Minuten anbraten, bis sie von allen Seiten goldbraun sind.
Den Tofu aus der Pfanne nehmen und beiseite stellen.
In dieselbe Pfanne die geschnittenen Paprikaschoten, die Zwiebel und den gehackten Knoblauch geben.
3–4 Minuten unter Rühren braten, bis das Gemüse zart-knusprig ist.
In einer kleinen Schüssel den Passionsfruchtsaft, die Sojasauce und den Honig verrühren.
Die Sauce über das Gemüse in der Pfanne gießen und eine weitere Minute kochen lassen.
Geben Sie den gekochten Tofu zurück in die Pfanne und vermischen Sie alles, bis es mit der Soße bedeckt ist.
Vom Herd nehmen und mit frischen Korianderblättern garnieren.
Servieren Sie den gebratenen Passionsfrucht-Tofu über gedünstetem Reis oder Nudeln.

36. Hähnchenkeulen mit Passionsfruchtglasur

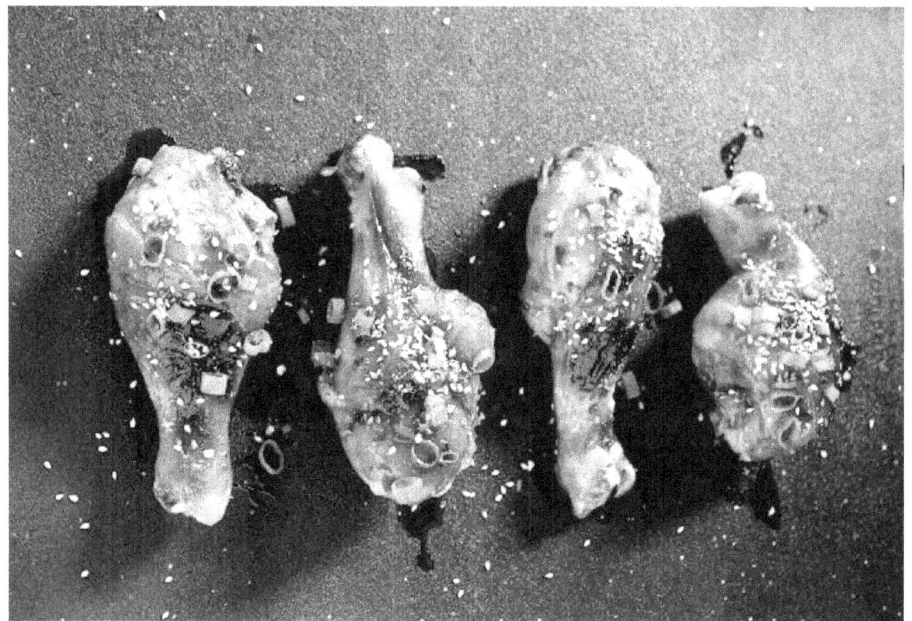

ZUTATEN:
8 Hähnchenkeulen
Salz und Pfeffer nach Geschmack
Saft aus 3 Passionsfrüchten
2 Esslöffel Honig
2 Esslöffel Sojasauce
2 Esslöffel Ketchup
1 Esslöffel Dijon-Senf
2 Knoblauchzehen, gehackt

ANWEISUNGEN:

Heizen Sie den Ofen auf 400 °F (200 °C) vor.
Die Hähnchenkeulen mit Salz und Pfeffer würzen.
In einer kleinen Schüssel Passionsfruchtsaft, Honig, Sojasauce, Ketchup, Dijon-Senf und gehackten Knoblauch verrühren.
Legen Sie die Hähnchenkeulen auf ein mit Backpapier ausgelegtes Backblech.
Streichen Sie die Passionsfruchtglasur über die Keulen und lassen Sie etwas davon zum Begießen übrig.
40–45 Minuten backen und alle 15 Minuten mit der Glasur bestreichen, bis das Hähnchen gar ist und die Glasur karamellisiert.
Aus dem Ofen nehmen und die Keulen vor dem Servieren einige Minuten ruhen lassen.
Servieren Sie die mit Passionsfrüchten glasierten Hähnchenkeulen mit einer Beilage Reis und gedünstetem Gemüse.

37. Passionsfrucht-Curry

ZUTATEN:
1 Esslöffel Pflanzenöl
1 Zwiebel, gehackt
2 Knoblauchzehen, gehackt
1 Esslöffel geriebener Ingwer
2 Esslöffel Currypulver
1 Dose Kokosmilch
Saft aus 2 Passionsfrüchten
1 Tasse gewürfeltes Gemüse Ihrer Wahl (z. B. Paprika, Karotten, Erbsen)
1 Pfund Huhn, Rindfleisch oder Tofu (optional)
Salz und Pfeffer nach Geschmack
Frische Korianderblätter zum Garnieren
Gekochter Reis oder Naan-Brot zum Servieren

ANWEISUNGEN:

Erhitzen Sie das Pflanzenöl in einer großen Pfanne oder einem Topf bei mittlerer Hitze.
Die gehackte Zwiebel, den gehackten Knoblauch und den geriebenen Ingwer hinzufügen.
2-3 Minuten anbraten, bis es duftet.
Das Currypulver einrühren und eine weitere Minute kochen lassen.
Wenn Sie Fleisch oder Tofu verwenden, geben Sie es in die Pfanne und kochen Sie es, bis es braun ist.
Kokosmilch und Passionsfruchtsaft dazugeben.
Das gewürfelte Gemüse dazugeben und mit Salz und Pfeffer würzen.
15–20 Minuten köcheln lassen, bis das Gemüse weich ist und sich die Aromen vermischt haben.
Passen Sie die Gewürze bei Bedarf an.
Servieren Sie das Passionsfrucht-Curry zu gekochtem Reis oder mit Naan-Brot.
Mit frischen Korianderblättern garnieren.

38. Passionsfrucht-Rindfleischpfanne

ZUTATEN:
1 Pfund Rindfleisch, in dünne Scheiben geschnitten (z. B. Flanksteak oder Lendenstück)
Salz und Pfeffer nach Geschmack
2 Esslöffel Pflanzenöl
1 rote Paprika, in Scheiben geschnitten
1 grüne Paprika, in Scheiben geschnitten
1 Zwiebel, in Scheiben geschnitten
2 Knoblauchzehen, gehackt
Saft aus 2 Passionsfrüchten
2 Esslöffel Sojasauce
1 Esslöffel Honig
Sesamsamen zum Garnieren

ANWEISUNGEN:

Die Rindfleischscheiben mit Salz und Pfeffer würzen.
Erhitzen Sie das Pflanzenöl in einer großen Pfanne oder im Wok bei mittlerer bis hoher Hitze.
Die Rindfleischscheiben dazugeben und 2–3 Minuten braten, bis sie braun sind.
Das Rindfleisch aus der Pfanne nehmen und beiseite stellen.
In dieselbe Pfanne die geschnittenen Paprikaschoten, die Zwiebel und den gehackten Knoblauch geben.
3–4 Minuten unter Rühren braten, bis das Gemüse zart-knusprig ist.
In einer kleinen Schüssel den Passionsfruchtsaft, die Sojasauce und den Honig verrühren.
Die Sauce über das Gemüse in der Pfanne gießen und eine weitere Minute kochen lassen.
Geben Sie das gegarte Rindfleisch wieder in die Pfanne und vermischen Sie alles, bis es mit der Soße bedeckt ist.
Vom Herd nehmen und mit Sesamkörnern garnieren.
Servieren Sie das gebratene Passionsfruchtrindfleisch über gedünstetem Reis oder Nudeln.

39. Gegrilltes Steak mit Passionsfrucht-Chimichurri

ZUTATEN:
2 Ribeye- oder Lendensteaks
Salz und Pfeffer nach Geschmack
Saft aus 2 Passionsfrüchten
2 Esslöffel Olivenöl
2 Esslöffel Rotweinessig
1 Tasse frische Petersilienblätter, gehackt
3 Knoblauchzehen, gehackt
1 Teelöffel getrockneter Oregano

ANWEISUNGEN:

Den Grill auf mittlere bis hohe Hitze vorheizen.
Die Steaks mit Salz und Pfeffer würzen.
In einer kleinen Schüssel Passionsfruchtsaft, Olivenöl, Rotweinessig, gehackte Petersilie, gehackten Knoblauch und getrockneten Oregano verrühren, um die Chimichurri-Sauce zuzubereiten.
Grillen Sie die Steaks 4–5 Minuten pro Seite oder bis zum gewünschten Gargrad.
Nehmen Sie die Steaks vom Grill und lassen Sie sie einige Minuten ruhen.
Schneiden Sie die Steaks in Scheiben und träufeln Sie die Passionsfrucht-Chimichurri-Sauce darüber.
Mit Bratkartoffeln oder einem Beilagensalat servieren.

40. Passionsfrucht-Kokos-Curry-Garnelen

ZUTATEN:
1 Pfund Garnelen, geschält und entdarmt
Salz und Pfeffer nach Geschmack
1 Esslöffel Pflanzenöl
1 Zwiebel, gehackt
2 Knoblauchzehen, gehackt
1 Esslöffel geriebener Ingwer
1 Esslöffel Currypulver
1 Dose Kokosmilch
Saft aus 2 Passionsfrüchten
1 Tasse gewürfeltes Gemüse Ihrer Wahl (z. B. Paprika, Zucchini, Karotten)
Frische Korianderblätter zum Garnieren
Gekochter Reis zum Servieren

ANWEISUNGEN:

Die Garnelen mit Salz und Pfeffer würzen.
Erhitzen Sie das Pflanzenöl in einer großen Pfanne oder einem Topf bei mittlerer Hitze.
Die gehackte Zwiebel, den gehackten Knoblauch und den geriebenen Ingwer hinzufügen.
2-3 Minuten anbraten, bis es duftet.
Das Currypulver einrühren und eine weitere Minute kochen lassen.
Geben Sie die Garnelen in die Pfanne und kochen Sie sie, bis sie rosa und gar sind.
Kokosmilch und Passionsfruchtsaft dazugeben.
Das gewürfelte Gemüse dazugeben und mit Salz und Pfeffer würzen.
10–15 Minuten köcheln lassen, bis das Gemüse weich ist und sich die Aromen vermischt haben.
Passen Sie die Gewürze bei Bedarf an.
Servieren Sie die Passionsfrucht-Kokos-Curry-Garnelen über gekochtem Reis.
Mit frischen Korianderblättern garnieren.

SALATE

41. Hühnchen-, Avocado- und Papayasalat

ZUTATEN:
- 6 Hälften pochierte Hähnchenbrust ohne Knochen
- 2 geschälte und in dünne Scheiben geschnittene reife Papayas
- 2 geschälte und in dünne Scheiben geschnittene reife Avocados
- 4 Esslöffel frischer Limettensaft
- Fruchtfleisch einer reifen Passionsfrucht
- ½ Tasse Pflanzenöl
- Fein abgeriebene Schale von 1 Limette
- Salz und Pfeffer
- 2 3 Esslöffel Honig
- ½ Tasse grob gehackte Pekannüsse

ANWEISUNGEN:

a) 6 Salatteller mit Salat auslegen. Entfernen Sie das restliche Fett vom Hähnchen.

b) Hähnchen in mundgerechte Stücke schneiden.

c) Abwechselnd Hühnchen, Avocado und Papaya auf Tellern anrichten

d) Limettensaft, Fruchtfleisch, Öl, Schale, Salz, Pfeffer und Honig verrühren.

e) Das Dressing über jeden Salat geben

f) Mit Pekannüssen bestreuen.

42. Tropischer Obstsalat mit Passionsfrucht-Dressing

ZUTATEN:
1 Tasse gewürfelte Ananas
1 Tasse gewürfelte Mango
1 Tasse gewürfelte Papaya
1 Tasse geschnittene Kiwi
2 Passionsfrüchte
Saft von 1 Limette
2 Esslöffel Honig
Frische Minzblätter zum Garnieren

ANWEISUNGEN:

In einer großen Schüssel die gewürfelte Ananas, Mango, Papaya und geschnittene Kiwi vermengen.
Die Passionsfrüchte halbieren und das Fruchtfleisch herauslöffeln.
In einer separaten kleinen Schüssel das Passionsfruchtmark, den Limettensaft und den Honig verrühren, um das Dressing herzustellen.
Das Dressing über den Obstsalat träufeln und vorsichtig vermengen.
Mit frischen Minzblättern garnieren.
Gekühlt servieren.

43. Spinat- und Passionsfruchtsalat

ZUTATEN:
4 Tassen frische Babyspinatblätter
1 Tasse geschnittene Erdbeeren
1/2 Tasse zerbröselter Feta-Käse
1/4 Tasse gehobelte Mandeln
2 Passionsfrüchte
Balsamico-Glasur zum Beträufeln
ANWEISUNGEN:

In einer großen Salatschüssel Babyspinatblätter, geschnittene Erdbeeren, zerbröckelten Feta-Käse und geschnittene Mandeln vermischen.
Die Passionsfrüchte halbieren und das Fruchtfleisch herauslöffeln.
Das Passionsfruchtmark über den Salat streuen.
Mit Balsamico-Glasur beträufeln.
Vorsichtig umrühren und vermengen.
Sofort servieren.

44. Avocado- und Passionsfruchtsalat

ZUTATEN:
2 reife Avocados, in Scheiben geschnitten
1 Tasse Kirschtomaten, halbiert
1/4 Tasse rote Zwiebel, in dünne Scheiben geschnitten
2 Passionsfrüchte
Saft von 1 Limette
2 Esslöffel Olivenöl
Salz und Pfeffer nach Geschmack
Frische Korianderblätter zum Garnieren
ANWEISUNGEN:

Avocadoscheiben, halbierte Kirschtomaten und geschnittene rote Zwiebeln auf einer Platte anrichten.
Die Passionsfrüchte halbieren und das Fruchtfleisch herauslöffeln.
In einer kleinen Schüssel das Passionsfruchtmark, Limettensaft, Olivenöl, Salz und Pfeffer verrühren, um das Dressing herzustellen.
Das Dressing über den Salat träufeln.
Mit frischen Korianderblättern garnieren.
Sofort servieren.

45. Quinoa- und Passionsfruchtsalat

ZUTATEN:
1 Tasse gekochte Quinoa
1 Tasse gewürfelte Gurke
1 Tasse halbierte Kirschtomaten
1/4 Tasse gehackte rote Zwiebel
2 Passionsfrüchte
Saft von 1 Zitrone
2 Esslöffel natives Olivenöl extra
Salz und Pfeffer nach Geschmack
Frische Petersilienblätter zum Garnieren

ANWEISUNGEN:

In einer großen Schüssel die gekochte Quinoa, die Gurkenwürfel, die halbierten Kirschtomaten und die gehackten roten Zwiebeln vermischen.

Die Passionsfrüchte halbieren und das Fruchtfleisch herauslöffeln.

In einer separaten kleinen Schüssel das Passionsfruchtmark, Zitronensaft, Olivenöl, Salz und Pfeffer verrühren, um das Dressing herzustellen.

Das Dressing über den Quinoa-Salat träufeln.

Vorsichtig umrühren und vermengen.

Mit frischen Petersilienblättern garnieren.

Gekühlt servieren.

46. Wassermelonen- und Passionsfruchtsalat

ZUTATEN:
4 Tassen gewürfelte Wassermelone
1 Tasse frische Blaubeeren
1/4 Tasse gehackte frische Minzblätter
2 Passionsfrüchte
Saft von 1 Limette
2 Esslöffel Honig
Frische Basilikumblätter zum Garnieren

ANWEISUNGEN:
In einer großen Schüssel die gewürfelte Wassermelone, die frischen Blaubeeren und die gehackten frischen Minzblätter vermischen.
Die Passionsfrüchte halbieren und das Fruchtfleisch herauslöffeln.
In einer separaten kleinen Schüssel das Passionsfruchtmark, den Limettensaft und den Honig verrühren, um das Dressing herzustellen.
Das Dressing über den Obstsalat träufeln.
Vorsichtig umrühren und vermengen.
Mit frischen Basilikumblättern garnieren.
Gekühlt servieren.

47. Gemischter Grün- und Passionsfruchtsalat

ZUTATEN:
4 Tassen gemischter Salat (z. B. Rucola, Babyspinat, Salat)
1 Tasse geschnittene Gurken
1 Tasse geschnittene Radieschen
1/4 Tasse zerbröselter Ziegenkäse
2 Passionsfrüchte
Saft von 1 Zitrone
2 Esslöffel natives Olivenöl extra
Salz und Pfeffer nach Geschmack
Geröstete Walnüsse zum Garnieren

ANWEISUNGEN:
In einer großen Salatschüssel den gemischten Salat, die Gurkenscheiben, die Radieschenscheiben und den zerbröckelten Ziegenkäse vermischen.
Die Passionsfrüchte halbieren und das Fruchtfleisch herauslöffeln.
In einer separaten kleinen Schüssel das Passionsfruchtmark, Zitronensaft, Olivenöl, Salz und Pfeffer verrühren, um das Dressing herzustellen.
Das Dressing über den Salat träufeln.
Vorsichtig umrühren und vermengen.
Mit gerösteten Walnüssen garnieren.
Sofort servieren.

48. Couscous- und Passionsfruchtsalat

ZUTATEN:

1 Tasse gekochter Couscous
1 Tasse gewürfelte Paprika (verschiedene Farben)
1/2 Tasse gewürfelte Gurke
1/4 Tasse gehackte frische Petersilie
2 Passionsfrüchte
Saft von 1 Orange
2 Esslöffel natives Olivenöl extra
Salz und Pfeffer nach Geschmack
Feta-Käse-Streusel zum Garnieren

ANWEISUNGEN:

In einer großen Schüssel den gekochten Couscous, die gewürfelten Paprikaschoten, die gewürfelte Gurke und die gehackte frische Petersilie vermischen.
Die Passionsfrüchte halbieren und das Fruchtfleisch herauslöffeln.
In einer separaten kleinen Schüssel das Passionsfruchtmark, Orangensaft, Olivenöl, Salz und Pfeffer verrühren, um das Dressing herzustellen.
Das Dressing über den Couscous-Salat träufeln.
Vorsichtig umrühren und vermengen.
Mit Feta-Käse-Streuseln garnieren.
Gekühlt servieren.

49. Asiatischer Nudel- und Passionsfruchtsalat

ZUTATEN:
8 Unzen gekochte Soba-Nudeln
1 Tasse geraspelte Karotten
1 Tasse dünn geschnittene Paprika (verschiedene Farben)
1/4 Tasse gehackte Frühlingszwiebeln
2 Passionsfrüchte
Saft von 1 Limette
2 Esslöffel Sojasauce
1 Esslöffel Sesamöl
1 Esslöffel Honig
Geröstete Sesamkörner zum Garnieren

ANWEISUNGEN:
In einer großen Schüssel die gekochten Soba-Nudeln, die geraspelten Karotten, die geschnittenen Paprikaschoten und die gehackten Frühlingszwiebeln vermengen.
Die Passionsfrüchte halbieren und das Fruchtfleisch herauslöffeln.
In einer separaten kleinen Schüssel das Passionsfruchtmark, Limettensaft, Sojasauce, Sesamöl und Honig verrühren, um das Dressing herzustellen.
Das Dressing über den Nudelsalat träufeln.
Vorsichtig umrühren und vermengen.
Mit gerösteten Sesamkörnern garnieren.
Gekühlt servieren.

50. Rucola-Ziegenkäse-Salat mit Passionsfruchtvinaigrette

ZUTATEN:
4 Tassen Baby-Rucola
1/2 Tasse zerbröckelter Ziegenkäse
1/4 Tasse getrocknete Preiselbeeren
2 Passionsfrüchte
Saft von 1 Zitrone
2 Esslöffel natives Olivenöl extra
Salz und Pfeffer nach Geschmack
Geröstete Pinienkerne zum Garnieren

ANWEISUNGEN:
In einer großen Salatschüssel den Baby-Rucola, den zerbröckelten Ziegenkäse und die getrockneten Preiselbeeren vermengen.
Die Passionsfrüchte halbieren und das Fruchtfleisch herauslöffeln.
In einer separaten kleinen Schüssel das Passionsfruchtmark, Zitronensaft, Olivenöl, Salz und Pfeffer zu einer Vinaigrette verrühren.
Die Vinaigrette über den Salat träufeln.
Vorsichtig umrühren und vermengen.
Mit gerösteten Pinienkernen garnieren.
Sofort servieren.

51. Caprese-Salat mit Passionsfrucht-Balsamico-Glasur

ZUTATEN:
4 reife Tomaten, in Scheiben geschnitten
8 Unzen frischer Mozzarella-Käse, in Scheiben geschnitten
Frische Basilikumblätter
2 reife Pfirsiche, in dünne Scheiben geschnitten
2 Passionsfrüchte
Balsamico-Glasur
Salz und Pfeffer nach Geschmack

ANWEISUNGEN:
Die Tomatenscheiben und die frischen Mozzarella-Käsescheiben auf einer Platte anrichten.
Auf jede Tomaten- und Käsescheibe ein frisches Basilikumblatt legen.
Pfirsichscheiben darauflegen.
Die Passionsfrüchte halbieren und das Fruchtfleisch herauslöffeln.
Auf jeden Caprese-Salat eine kleine Menge Passionsfruchtmark geben.
Mit Balsamico-Glasur beträufeln.
Mit Salz und Pfeffer abschmecken.
Sofort servieren.

NACHTISCH

52. Kokosnuss-Panna Cotta mit Passionsfrucht

ZUTATEN:
FÜR DEN KOKOSNUSSTEIL
- 400 g dickes Kokospüree
- 80 g Kristallzucker
- 4 Gelatineblätter

FÜR DEN PASSIONSFRUCHT-TEIL
- 250 g Passionsfruchtpüree
- 100 g Kristallzucker
- 4 Gelatineblätter
- Zobelkeks
- 45 g Puderzucker
- 115 g Allzweckmehl
- 15 g Mandelmehl
- Prise Salz
- 55 g ungesalzene Butter sehr kalt
- 25 g Ei ca. halbes Ei
- Weiße Schokolade geschmolzen
- Kokosraspeln

ANWEISUNGEN:
SABLE COOKIE
a) Sobald die Kekse gebacken und auf Zimmertemperatur abgekühlt sind, schmelzen Sie eine kleine Menge weiße Schokolade und bestreichen Sie die Kekse damit

b) Mit Kokosraspeln bestäuben und beiseite stellen

PANNA COTTA
c) Bereiten Sie den Kokosnussteil vor: Gelatineblätter in kaltem Wasser einweichen

d) Kokospüree und Zucker erhitzen, bis es köchelt und sich der Zucker auflöst

e) Nehmen Sie den Topf vom Herd, drücken Sie überschüssiges Wasser aus den Gelatineblättern und rühren Sie sie in die Kokosnussmischung. Leg es zur Seite

f) Bereiten Sie den Passionsfruchtteil vor: Gelatineblätter in kaltem Wasser einweichen

g) Lassen Sie das Passionsfruchtpüree durch ein Sieb laufen, um die meisten Kerne zu entfernen. Behalten Sie nur wenige davon bei

h) Passionsfruchtpüree mit Zucker erhitzen, bis es gerade noch köchelt und sich der Zucker vollständig aufgelöst hat

i) Den Topf vom Herd nehmen, überschüssiges Wasser aus den Gelatineblättern ausdrücken und diese unter das Passionsfruchtpüree rühren. Leg es zur Seite

MONTIEREN

j) Da sowohl der Kokosnussteil als auch der Passionsfruchtteil Gelatine enthalten, müssen Sie darauf achten, dass sie nicht vollständig fest werden, bevor Sie sie vollständig in der Form zusammensetzen. Lassen Sie sie also nicht vollständig abkühlen. Rühren Sie sie gelegentlich um

k) Schnappen Sie sich Ihre Form und beginnen Sie mit dem Zusammenbau. Den weißen Teil in die Mitte jedes Hohlraums spritzen, dann noch etwas Kokos-Panna Cotta in den äußeren Kreis spritzen

l) Stellen Sie die Form für 15 Minuten in den Gefrierschrank, damit der Kokosnussteil aushärten kann, bevor Sie mit dem nächsten Schritt fortfahren. Lassen Sie den Rest der Kokoscreme bei Zimmertemperatur stehen und rühren Sie ihn gelegentlich um, damit er nicht fest wird

m) Sobald der Kokosnussteil im Gefrierschrank vollständig ausgehärtet ist, spritzen Sie den Passionsfruchtteil darauf

n) Die Form nun erneut für 30 Minuten einfrieren. Stellen Sie sicher, dass Sie den restlichen Kokosnussteil gelegentlich umrühren, damit er nicht fest wird, während sich eine Form im Gefrierschrank befindet

o) Sobald der Teil der Passionsfrucht vollständig im Gefrierschrank fest geworden ist, spritzen Sie den restlichen weißen Teil darauf. Lassen Sie es mindestens 6 Stunden lang im Gefrierschrank abkühlen, noch besser ist es über Nacht

p) Nachdem die Panna Cottas vollständig gefroren sind, lösen Sie sie vorsichtig, aber fest aus der Form. Achten Sie darauf, dass Sie besonders auf die Mitte drücken, damit sie nicht in der Form hängenbleibt

q) Legen Sie jede Panna Cotta auf den Kokosmarderkeks, während die Panna Cotta gefroren ist

r) Lassen Sie die Panna Cotta entweder bei Zimmertemperatur oder im Kühlschrank auftauen

53. Passionsfrucht-Mousse

ZUTATEN:
- 1 Dose Kondensmilch; über Nacht gekühlt
- 8 Gelatineblätter oder 1 ½ Packungen Gelatinepulver
- 2 Tassen Passionsfruchtsaft
- 1½ Tasse Zucker
- ½ Tasse Wasser

ANWEISUNGEN:

a) Gelatine in Wasser auflösen. Mit einem elektrischen Rührgerät die Kondensmilch aufschlagen, bis sie fest und schaumig ist. Zucker hinzufügen und 1 Minute lang schlagen. Gelatine einrühren. Saft einrühren. In eine geölte Form geben und mindestens 6 Stunden kalt stellen. Aus der Form lösen und mit Passionsfruchtsauce oder einer anderen Fruchtsauce Ihrer Wahl servieren.

54. Grapefruit-Passionsquarkkuchen

ZUTATEN:
- 1 Portion ungebackener Ritz Crunch
- 1 Portion Grapefruit Passion Curd
- 1 Portion gesüßte kondensierte Grapefruit

ANWEISUNGEN:
a)   Heizen Sie den Ofen auf 275 °F vor.
b)   Drücken Sie den Ritz-Crunch in eine 10-Zoll-Kuchenform. Drücken Sie den Crunch mit Ihren Fingern und Handflächen fest hinein und achten Sie darauf, dass der Boden und die Seiten gleichmäßig und vollständig bedeckt sind.
c)   Die Form auf ein Blech stellen und 20 Minuten backen. Die Ritz-Kruste sollte etwas goldbrauner und etwas butterartiger sein als die Kruste, mit der Sie begonnen haben. Kühlen Sie die Kruste vollständig ab; In Plastik eingewickelt kann die Kruste bis zu 2 Wochen eingefroren werden.
d)   Verteilen Sie den Grapefruit-Passionsquark mit einem Löffel oder einem versetzten Spatel gleichmäßig auf dem Boden der Ritz-Kruste. Legen Sie den Kuchen etwa 30 Minuten lang in den Gefrierschrank, damit der Quark fest wird.
e)   Verteilen Sie die gesüßte kondensierte Grapefruit mit einem Löffel oder einem versetzten Spatel auf dem Quark. Achten Sie dabei darauf, die beiden Schichten nicht zu vermischen und sicherzustellen, dass der Quark vollständig bedeckt ist.
f)   Bis zum Schneiden und Servieren zurück in den Gefrierschrank stellen.

55. Bananen- und Passionsfruchteis

ZUTATEN:
- 3 oder 4 reife Bananen
- 2 Passionsfrüchte
- 425 g Kartoncreme
- 1 Esslöffel klarer Honig
- 1 Esslöffel Zitronensaft
- ½ Esslöffel Vanilleextrakt

ANWEISUNGEN:

a) Schälen Sie die Bananen und zerkleinern Sie sie in einer Küchenmaschine oder einem Mixer. Die Passionsfrucht halbieren, mit einem Löffel die Kerne herauslöffeln und den Saft direkt in die Küchenmaschine geben.

b) Die restlichen Zutaten hinzufügen und pürieren, bis eine glatte Masse entsteht (die Passionsfruchtkerne sollten ganz bleiben).

c) Geben Sie die Mischung in einen großen Krug, decken Sie sie ab und stellen Sie sie mindestens 30 Minuten lang in den Kühlschrank, bis sie gut abgekühlt ist.

d) Geben Sie die Mischung in die Eismaschine und gefrieren Sie sie gemäß den Anweisungen.

e) In einen geeigneten Behälter umfüllen und einfrieren, bis es benötigt wird.

56. Pfirsich-Maracuja-Strudel-Eis

ZUTATEN:
- 1 ¼ Tassen Sahne
- 1 Teelöffel reiner Vanilleextrakt
- 2 große Eier
- ¼ Tasse feinsten Zucker oder nach Geschmack
- 2 Teelöffel Maisstärke
- 1 Esslöffel Wasser
- 4 große, sehr reife Pfirsiche
- Saft und fein abgeriebene Schale von 1 Orange
- 4 reife Passionsfrüchte

ANWEISUNGEN:
a) In einem kleinen Topf Sahne und Vanille zum Kochen bringen.
b) Vom Herd nehmen. In einer Schüssel Eier und Zucker verquirlen, bis die Masse sehr hell und leicht eingedickt ist. Etwas Sahne unter die Eier schlagen, bis alles gut vermischt ist, dann zurück in den Topf abseihen.
c) Die Maisstärke mit dem Wasser glatt rühren. In die Sahne-Ei-Mischung einrühren und die Pfanne wieder auf den Herd stellen. Nicht kochen, aber wenn die Mischung anfängt einzudicken, ständig umrühren, bis sie die Rückseite eines Löffels bedeckt. Zum Abkühlen beiseite stellen und gelegentlich umrühren.
d) Legen Sie die Pfirsiche etwa 1 Minute lang in kochendes Wasser, bis sich die Schale leicht ablösen lässt.
e) Das Fruchtfleisch mit Orangensaft und -schale vermischen oder pürieren und bei Bedarf abseihen. Geben Sie das Fruchtfleisch der Passionsfrucht in eine kleine Schüssel.
f) Den abgekühlten Vanillepudding und das Pfirsichpüree vorsichtig verrühren. Geben Sie es in eine Eismaschine und verarbeiten Sie es gemäß den Anweisungen des Herstellers oder verwenden Sie die Handmischmethode.
g) Wenn es fast fest ist, in einen Gefrierbehälter umfüllen und den Großteil der Passionsfrucht hineinrühren. Einfrieren, bis es fest ist oder benötigt wird. Dieses Eis kann bis zu 1 Monat eingefroren werden.
h) Lassen Sie es etwa 15 Minuten lang weich werden, bevor Sie es mit etwas mehr Passionsfrucht darüber servieren.

57. Tropisches Margarita-Sorbet

ZUTATEN:

- 1 Tasse Zucker
- 1 Tasse Passionsfruchtpüree
- 1½ Pfund reife Mangos, geschält, entkernt und gewürfelt
- Abgeriebene Schale von 2 Limetten
- 2 Esslöffel Blanco (weißer) Tequila
- 1 Esslöffel Orangenlikör
- 1 Esslöffel leichter Maissirup
- ½ Teelöffel koscheres Salz

ANWEISUNGEN:

a) In einem kleinen Topf Zucker und Passionsfruchtpüree vermischen.
b) Bei mittlerer Hitze köcheln lassen und dabei umrühren, bis sich die Flüssigkeit auflöst
c) Zucker. Vom Herd nehmen und abkühlen lassen.
d) In einem Mixer die Passionsfruchtmischung, gewürfelte Mango, Limettenschale, Tequila, Orangenlikör, Maissirup und Salz vermischen. Pürieren, bis eine glatte Masse entsteht.
e) Gießen Sie die Mischung in eine Schüssel, decken Sie sie ab und stellen Sie sie mindestens 4 Stunden oder über Nacht in den Kühlschrank, bis sie kalt ist.
f) Einfrieren und in einer Eismaschine gemäß den Anweisungen des Herstellers umrühren.
g) Für eine weiche Konsistenz (meiner Meinung nach die beste), servieren Sie das Sorbet sofort; Um eine festere Konsistenz zu erhalten, füllen Sie es in einen Behälter, decken Sie es ab und lassen Sie es 2 bis 3 Stunden lang im Gefrierschrank aushärten.

58. Schichtkuchen mit Schokoladensplittern

ZUTATEN:
- 1 Portion Chocolate Chip Cake
- ⅓ Tasse Passionsfruchtpüree
- 1 Portion Passionsfruchtquark
- ½ Portion Schokoladenstreusel
- 1 Portion Kaffee-Zuckerguss
- ¼ Tasse Mini-Schokoladenstückchen

ANWEISUNGEN:
a) Legen Sie ein Stück Pergament oder ein Silpat auf die Arbeitsfläche. Drehen Sie den Kuchen um und ziehen Sie das Pergament oder Silpat von der Unterseite des Kuchens ab. Mit dem Tortenring 2 Kreise aus der Torte ausstechen. Dies sind die beiden besten Kuchenschichten. Der verbleibende Kuchenrest bildet zusammen die untere Schicht des Kuchens.

SCHICHT 1, DIE UNTERSEITE

b) Reinigen Sie den Tortenring und legen Sie ihn in die Mitte eines mit sauberem Pergament oder Silpat ausgelegten Blechs. Verwenden Sie 1 Streifen Acetat, um die Innenseite des Tortenrings auszukleiden.

c) Legen Sie die Kuchenreste in den Ring und drücken Sie sie mit dem Handrücken zu einer flachen, gleichmäßigen Schicht zusammen.

d) Tauchen Sie einen Backpinsel in das Passionsfruchtpüree und baden Sie die Kuchenschicht gut und gesund mit der Hälfte des Pürees.

e) Mit der Rückseite eines Löffels die Hälfte des Passionsfruchtquarks gleichmäßig auf dem Kuchen verteilen.

f) Die Hälfte der Schokostreusel gleichmäßig über den Passionsfruchtquark streuen. Verankern Sie sie mit Ihrem Handrücken.

g) Mit der Rückseite eines Löffels ein Drittel der Kaffeeglasur möglichst gleichmäßig auf den Schokostückchen verteilen.

SCHICHT 2, DIE MITTE

h) Schieben Sie mit Ihrem Zeigefinger den zweiten Acetatstreifen vorsichtig zwischen den Tortenring und den oberen ¼ Zoll des ersten Acetatstreifens, sodass Sie einen durchsichtigen Acetatring von 5 bis 6 Zoll Höhe haben – hoch genug, um die Höhe zu tragen der fertige Kuchen. Legen Sie einen runden Kuchen auf die Glasur und wiederholen Sie den Vorgang für Schicht 1.

SCHICHT 3, DIE OBERSEITE

i) Den restlichen Kuchenring in die Glasur einbetten. Decken Sie die Oberseite des Kuchens mit dem restlichen Zuckerguss ab. Geben Sie ihm Volumen und Wirbel, oder machen Sie es wie wir und entscheiden Sie sich für eine perfekt flache Oberseite. Den Zuckerguss mit den Mini-Schokoladenstückchen garnieren.

j) Stellen Sie das Backblech in den Gefrierschrank und lassen Sie es mindestens 12 Stunden lang einfrieren, damit der Kuchen und die Füllung fest werden. Im Gefrierschrank bleibt der Kuchen bis zu 2 Wochen haltbar.

k) Ziehen Sie mindestens 3 Stunden vor dem Servieren des Kuchens das Blech aus dem Gefrierschrank und heben Sie den Kuchen mit den Fingern und Daumen aus dem Tortenring. Ziehen Sie das Acetat vorsichtig ab und legen Sie den Kuchen auf eine Platte oder einen Tortenständer. Lassen Sie es mindestens 3 Stunden lang im Kühlschrank auftauen

l) Den Kuchen in Stücke schneiden und servieren.

59. Passionsfrucht-Käsekuchen ohne Backen

ZUTATEN:
FÜR DEN KEKSBASIS
- 200 g Ingwerkekse, auch Gingersnaps genannt
- 100 g Butter

FÜR DIE KÄSEKUCHENFÜLLUNG
- 400 g Vollfetter Philadelphia-Frischkäse
- 100 g Puderzucker
- 2 Gelatineblätter der Güteklasse Platinum, verwenden Sie 3 für einen festeren Halt
- 200 ml Doppelcreme
- 100 g griechischer Joghurt
- 15 ml Limettensaft
- 2 Teelöffel Vanilleschotenpaste
- 100 ml Passionsfruchtpüree

FÜR DAS PASSIONSFRUCHTGEE-TOPPING
- 100 ml Passionsfruchtpüree
- 100 ml Passionsfruchtmark
- 75 g Puderzucker
- 2 Gelatineblätter

ANWEISUNGEN:
Keksbasis
a) Verarbeiten Sie die Ingwerkekse in einer Küchenmaschine, bis sie wie feine Semmelbrösel aussehen.
b) Butter schmelzen und unter die Kekskrümel rühren.
c) Diese Mischung auf den Boden der Backform geben und glatt streichen.

KÄSEKUCHENFÜLLUNG
a) Geben Sie 2 Gelatineblätter in eine mit kaltem Wasser gefüllte Schüssel. 5–19 Minuten einwirken lassen, bis es weich ist.
b) Frischkäse und Zucker glatt rühren.
c) Den griechischen Joghurt und die Vanilleschotenpaste hinzufügen und untermischen.
d) Als nächstes erwärmen Sie das Passionsfruchtpüree und den Limettensaft zusammen in einer Pfanne, bis sie warm sind.
e) Lassen Sie die Gelatineblätter aus dem Wasser abtropfen, geben Sie sie in die Pfanne und verrühren Sie sie, bis sie sich aufgelöst haben.

f) Schlagen Sie die Fruchtsäfte in den Käsekuchenteig – und zwar schnell, sobald die Flüssigkeit eingefüllt ist, damit er nicht anfängt, fest zu werden.

g) Die Sahne dazugeben und so lange schlagen, bis ein Löffel hineinpasst.

h) Auf den Keksboden geben und mit einem stumpfen Messer glatt streichen. 3 Stunden kalt stellen.

PASSIONSFRUCHTGEE-TOPPING

a) Die restlichen 2 Gelatineblätter in kaltes Wasser geben und weich werden lassen.

b) Geben Sie das Passionsfruchtpüree und das frische Passionsfruchtmark zusammen mit dem Zucker in einen kleinen Topf und erhitzen Sie es auf etwa 60 °C, bis sich der Zucker aufgelöst hat.

c) Die Gelatine abtropfen lassen, in die Pfanne geben und umrühren, bis sie sich auflöst.

d) Auf etwa 40 °C abkühlen lassen und dann über den Käsekuchen gießen.

e) Den Käsekuchen für weitere 3 Stunden in den Kühlschrank stellen.

60. Ricotta-Käsekuchen mit Passionsfrucht

ZUTATEN:
- 4 Eier, getrennt
- 2½ Tassen Milch
- 200g ungesalzene Butter, geschmolzen und abgekühlt
- 2 Teelöffel Vanilleextrakt
- 3 Tassen selbstaufgehendes Mehl
- ¼ Tasse Puderzucker

ZITRONEN-KÄSEKUCHENFÜLLUNG
- 400 g glatter Ricotta
- ½ Tasse Zitronenquark
- 1 Tasse Passionsfruchtmark
- ¼ Tasse Puderzucker

ANWEISUNGEN:

a) Eigelb, Milch, Butter und Vanille in einen großen Krug geben und verrühren, bis alles gut vermischt ist.

b) Mehl und Zucker in einer großen Rührschüssel vermischen und in der Mitte eine Mulde formen.

c) Die Ei-Milch-Mischung vorsichtig unterrühren, bis ein glatter Teig entsteht.

d) Eiweiß mit elektrischen Rührgeräten schlagen, bis steife Spitzen entstehen. Eiweiß vorsichtig unter den Teig heben.

e) Wählen Sie die Einstellung Belgische Waffel.

f) Vorheizen, bis das orangefarbene Licht aufleuchtet und die Worte HEATING verschwinden.

g) Gießen Sie mit einem Waffeldosierbecher eine halbe Tasse Teig in jedes Waffelquadrat. Schließen Sie den Deckel und kochen Sie, bis der Timer abgelaufen ist und der Bereitschaftston dreimal ertönt ist. Zum vollständigen Abkühlen beiseite stellen.

h) Ricotta und Zitronenquark glatt rühren und beiseite stellen.

i) Für die Passionsfruchtsauce das Fruchtfleisch zusammen mit einer halben Tasse Wasser und Puderzucker in einen mittelgroßen Topf geben. Bei mittlerer Hitze 5 Minuten lang rühren, bis die Masse dick und sirupartig ist. Herausnehmen und abkühlen lassen.

j) Zum Servieren jede Waffel diagonal halbieren und mit der Zitronen-Käsekuchen-Füllung belegen. Für jede Person 2 Waffeln servieren und mit der Passionsfruchtsauce beträufeln.

61. Margarita-Cremes mit Mango und Leidenschaft

ZUTATEN:

- 3 Tassen verdickte Creme der Marke Coles
- 1 Tasse weißer Zucker der Marke Coles
- ⅓ Tasse frischer Limettensaft
- 3 Esslöffel Tequila
- 2 Teelöffel feine Limettenschale
- 1 Mango, geschält, entkernt, gewürfelt
- 1 Banane, geschält, gewürfelt
- 3 Passionsfrüchte

ANWEISUNGEN:

a) So bereiten Sie die Cremes zu: In einem mittelschweren Topf Sahne und Zucker bei mittlerer bis hoher Hitze zum Kochen bringen und dabei rühren, bis sich der Zucker aufgelöst hat.

b) Unter ständigem Rühren 3 Minuten kochen lassen und die Hitze nach Bedarf reduzieren, um ein Überkochen der Mischung zu verhindern.

c) Den Topf vom Herd nehmen. Limettensaft und Tequila einrühren und 10 Minuten abkühlen lassen. Limettenschale unterrühren.

d) Verwenden Sie jeweils etwa eine halbe Tasse der Crememischung und verteilen Sie die Creme auf acht kleine Desserttassen oder -gläser. Abdecken und im Kühlschrank lagern, bis es fest ist, mindestens 4 Stunden oder über Nacht.

e) So bereiten Sie die Früchte zu: In einer großen Schüssel Mango und Banane vermischen. Die Passionsfrucht halbieren, Fruchtfleisch und Saft herauslöffeln und über die Mango und Banane löffeln. Rühren Sie die Früchte vorsichtig um, sodass sie mit der Passionsfrucht bedeckt sind.

f) Zum Servieren: Die Früchte über die Cremes geben und sofort servieren.

62. Sables Passionsfrucht-Himbeere

ZUTATEN:
- 4 Unzen Zucker
- 6 Unzen Butter
- 4 Eier
- 8 Unzen Kuchenmehl
- 3 Unzen Mandelmehl
- ½ Unze Backpulver
- 12 Unzen Frischkäse
- 3 Unzen Zucker
- 3 Unzen Passionsfruchtpüree
- Himbeeren mit Zucker

ANWEISUNGEN:
TEIG:
a) Butter und Zucker vermischen, dann die ganzen Eier sowie Mandelmehl, Kuchenmehl und Backpulver hinzufügen.
b) 15 Minuten bei 320 °F backen.
c) Nach dem Abkühlen den Teig in Kreise schneiden.
FÜLLUNG:
d) Frischkäse und Passionsfruchtpüree verrühren. Geben Sie die Füllung in einen Spritzbeutel.
e) Spritzen Sie die Füllung mithilfe des Rundrohrs auf den runden Zobel und bedecken Sie diesen anschließend mit einem weiteren Zobel.
f) Den Zobel mit Puderzucker und Himbeere dekorieren.
g) Den Zobel mit Himbeersauce garnieren und mit einigen Himbeeren dekorieren.

63. Passionsfruchtanteil

ZUTATEN:
- 300 ml Doppelcreme
- 75 Gramm Puderzucker
- 1 Zitrone
- 2 Passionsfrüchte
- Schokolade; Kekse zum Servieren

ANWEISUNGEN:

a)   Sahne und Zucker in einen Topf geben und unter Rühren aufkochen, bis sich der Zucker aufgelöst hat.

b)   Von der Zitrone die Schale abreiben und mit dem Saft in die Pfanne rühren.

c)   Etwa eine Minute lang rühren, bis die Mischung eindickt, dann vom Herd nehmen.

d)   Die Passionsfrucht halbieren, die Kerne herauslöffeln und das Fruchtfleisch hineingeben. Gut umrühren und in zwei Weingläser mit Stiel füllen.

e)   Abkühlen lassen, dann kalt stellen, bis es fest ist.

64. Mango- und Passionsfrucht-Pavlova

ZUTATEN:
- 4 Eiweiß
- 1 Tasse Puderzucker
- 1 Teelöffel weißer Essig
- 1 Teelöffel Maisstärke
- 1 Tasse Schlagsahne
- 1 Tasse geschnittene frische Mango
- ¼ Tasse Passionsfruchtmark
- ¼ Tasse geröstete Kokosnuss

ANWEISUNGEN:
a) Backofen auf 300°F (150°C) vorheizen. Ein Backblech mit Backpapier auslegen.
b) Eiweiß schlagen, bis steife Spitzen entstehen. Fügen Sie nach und nach einen Esslöffel Zucker hinzu und schlagen Sie nach jeder Zugabe gut durch.
c) Essig und Maisstärke hinzufügen und verrühren, bis alles gut vermischt ist.
d) Die Mischung auf das vorbereitete Backblech geben und einen 20 cm großen Kreis formen.
e) Mit einem Spatel eine Mulde in die Mitte der Pavlova formen.
f) 1 Stunde backen oder bis die Pavlova außen knusprig und innen weich ist.
g) Vollständig abkühlen lassen.
h) Schlagsahne auf der Pavlova verteilen. In Scheiben geschnittene Mango dazugeben und mit Passionsfruchtmark beträufeln. Mit gerösteter Kokosnuss bestreuen.

65. Neuseeländische Kiwi-Pavlova

ZUTATEN:
- 4 Eiweiß
- 1¼ Tasse Kristallzucker
- 1 Teelöffel weißer Essig
- 1 Teelöffel Vanilleessenz (Extrakt)
- 1 Esslöffel Maismehl (Maisstärke)
- ½ Liter Sahne
- 2 Kiwis
- 4 Passionsfrucht

ANWEISUNGEN:

a) Backofen auf 180 °C vorheizen. Mit einem Elektromixer Eiweiß und Zucker 10 Minuten lang schlagen, bis eine dicke, glänzende Masse entsteht.

b) Essig, Vanille und Maismehl vermischen.

c) Zum Baiser hinzufügen. Weitere 5 Minuten bei hoher Geschwindigkeit schlagen. Ein Backblech mit Backpapier auslegen (nicht einfetten).

d) Zeichnen Sie einen 22 cm großen Kreis auf das Backpapier. Verteilen Sie die Pavlova-Mischung bis auf 2 cm an den Rand des Kreises und achten Sie darauf, dass die Form möglichst rund und gleichmäßig bleibt.

e) Oberfläche glatt streichen. Legen Sie die Pavlova in den Ofen und reduzieren Sie die Ofentemperatur auf 100 °C. Pavlova 1 Stunde backen. Ofen ausschalten. Öffnen Sie die Ofentür leicht und lassen Sie die Pavlova im Ofen, bis sie kalt ist. Pavlova vorsichtig auf einen Servierteller heben. Mit Schlagsahne, geschnittenen Kiwis und dem Fruchtfleisch frischer Passionsfrucht dekorieren.

66. Pavlova mit tropischen Früchten

ZUTATEN:
- 4 große Eiweiße bei Zimmertemperatur
- 1 Prise Salz
- 225 Gramm Puderzucker
- 2 Teelöffel Maismehl
- 1 Prise Weinstein
- 1 Teelöffel Weißweinessig
- 4 Tropfen Vanilleextrakt
- 2 Passionsfrucht
- Reife tropische Früchte wie Mango; Kiwi, Sternfrucht und Kapstachelbeeren
- 150 Milliliter Doppelrahm
- 200 Milliliter Creme Fraiche

ANWEISUNGEN:
a) Heizen Sie den Ofen auf 150 °C/300 °F/Gas 2 vor.
b) Ein Backblech mit antihaftbeschichtetem Backpapier auslegen und einen 22 cm großen Kreis aufzeichnen. Für das Baiser: Eiweiß und Salz in einer großen, sauberen Schüssel verquirlen, bis sich steife Spitzen gebildet haben.
c) Den Zucker jeweils zu einem Drittel einrühren und zwischen den einzelnen Zugaben gut verrühren, bis er steif und sehr glänzend ist. Maismehl, Weinstein, Essig und Vanilleextrakt darüberstreuen und vorsichtig unterheben.
d) Stapeln Sie das Baiser innerhalb des Kreises auf das Papier und achten Sie darauf, dass in der Mitte eine deutliche Vertiefung entsteht.
e) In den Ofen stellen und sofort die Hitze auf 120 °C/250 °F/Gas ¼ reduzieren und 1½–2 Stunden backen, bis es hellbraun, aber in der Mitte etwas weich ist. Schalten Sie den Ofen aus, lassen Sie die Tür leicht geöffnet und lassen Sie ihn vollständig abkühlen.
f) Für die Füllung: Die Passionsfrucht halbieren und das Fruchtfleisch herauslöffeln. Schälen und schneiden Sie die Früchte nach Bedarf in Scheiben.
g) Geben Sie die Sahne in eine Schüssel, schlagen Sie sie auf, bis sie dick ist, und heben Sie dann die Crème fraiche unter. Das Papier von der Pavlova abziehen und auf einen Teller legen.
h) Die Sahnemischung darauf verteilen, die Früchte darauf verteilen und mit dem Passionsfruchtmark abschließen. Sofort servieren.

67. Passionsfrucht-Cobbler ohne Backen

ZUTATEN:

- 6 Passionsfrüchte, Fruchtfleisch herausgeschöpft
- 1 Esslöffel Limettensaft
- ¼ Tasse Kristallzucker
- 1 Teelöffel Vanilleextrakt
- 1 Tasse zerkleinerte Shortbread-Kekse
- ¼ Tasse Kokosraspeln
- 2 Esslöffel Honig
- 2 Esslöffel ungesalzene Butter, geschmolzen

ANWEISUNGEN:

a) In einer Schüssel Passionsfruchtmark, Limettensaft, Kristallzucker und Vanilleextrakt vermischen. Gut mischen.

b) Mischen Sie in einer anderen Schüssel die zerkleinerten Shortbread-Kekse, die Kokosraspeln, den Honig und die geschmolzene Butter, bis sie krümelig sind.

c) Nehmen Sie einzelne Servierschalen und schichten Sie die Passionsfruchtmischung darauf, gefolgt von der Keksmischung.

d) Wiederholen Sie die Schichten, bis alle Zutaten aufgebraucht sind, und schließen Sie mit der Keksmischung oben ab.

e) Mindestens 1 Stunde im Kühlschrank lagern, damit sich die Aromen vermischen.

f) Kühl servieren und den einzigartigen tropischen Geschmack der Passionsfrucht genießen!

68. Passionsfruchtsorbet

ZUTATEN:

- 1 Teelöffel Gelatinepulver
- 2 Zitronen
- 9 Unzen Kristallzucker
- 8 Passionsfrüchte

ANWEISUNGEN:

a) 2 Esslöffel Wasser in eine kleine Schüssel oder Tasse abmessen, die Gelatine darüber streuen und 5 Minuten stehen lassen. Den Saft der Zitronen auspressen.

b) Geben Sie den Zucker in einen Topf und fügen Sie 300 ml/½ Pint Wasser hinzu. Unter Rühren leicht erhitzen, bis sich der Zucker aufgelöst hat. Erhöhen Sie die Hitze und kochen Sie die Mischung etwa 5 Minuten lang schnell, bis die Mischung sirupartig aussieht.

c) Vom Herd nehmen, den Zitronensaft hinzufügen und dann die Gelatine einrühren, bis sie sich aufgelöst hat.

d) Die Passionsfrüchte halbieren und mit einem kleinen Löffel die Kerne und das Fruchtfleisch herauslöffeln und in den Sirup geben. Abkühlen lassen.

e) Abdecken und mindestens 30 Minuten kühl stellen, bis es gut abgekühlt ist.

f) Lassen Sie den gekühlten Sirup durch ein nichtmetallisches Sieb passieren, um die Kerne zu entfernen.

g) Geben Sie die Mischung in die Eismaschine und gefrieren Sie sie gemäß den Anweisungen.

h) In einen geeigneten Behälter umfüllen und einfrieren, bis es benötigt wird.

69. Guaven-Passionsfrucht-Sorbet

ZUTATEN:
- 2 Tassen Guavenmark (frisch oder gefroren)
- ½ Tasse Passionsfruchtmark (frisch oder gefroren)
- ½ Tasse) Zucker
- Saft von 1 Limette

ANWEISUNGEN:

a) In einem Mixer oder einer Küchenmaschine Guavenmark, Passionsfruchtmark, Zucker und Limettensaft vermischen. Alles glatt rühren.

b) Gießen Sie die Mischung in eine Eismaschine und rühren Sie sie gemäß den Anweisungen des Herstellers um.

c) Sobald das Sorbet umgerührt ist, geben Sie es in einen Behälter mit Deckel und frieren Sie es einige Stunden lang ein, damit es fester wird.

d) Servieren Sie das Guaven-Maracuja-Sorbet in gekühlten Schüsseln oder Gläsern für ein süßes und würziges tropisches Dessert.

70. Avocado-Maracuja-Sorbet

ZUTATEN:

- 2 Tassen frisches oder aufgetautes gefrorenes Passionsfruchtpüree
- ¾ Tasse plus 2 Esslöffel Zucker
- 2 kleine reife Avocados
- ½ Teelöffel koscheres Salz
- 1 Esslöffel frisch gepresster Limettensaft

ANWEISUNGEN:

a) In einem kleinen Topf das Passionsfruchtpüree und den Zucker vermischen.

b) Bei mittlerer bis hoher Hitze unter Rühren kochen, bis sich der Zucker aufgelöst hat.

c) Vom Herd nehmen und auf Raumtemperatur abkühlen lassen.

d) Die Avocados der Länge nach halbieren. Entfernen Sie die Kerne und geben Sie das Fruchtfleisch in einen Mixer oder eine Küchenmaschine.

e) Die abgekühlte Passionsfruchtmischung und das Salz dazugeben und zu einer glatten Masse verarbeiten. Dabei nach Bedarf die Seiten des Mixbehälters oder der Schüssel abkratzen.

f) Den Limettensaft hinzufügen und verrühren, bis alles gut vermischt ist. Gießen Sie die Mischung in eine Schüssel, decken Sie sie ab und stellen Sie sie etwa 2 Stunden lang in den Kühlschrank, bis sie kalt ist.

g) Einfrieren und in einer Eismaschine gemäß den Anweisungen des Herstellers umrühren.

h) Für eine weiche Konsistenz das Sorbet sofort servieren; Um eine festere Konsistenz zu erhalten, füllen Sie es in einen Behälter, decken Sie es ab und lassen Sie es 2 bis 3 Stunden lang im Gefrierschrank aushärten.

GEWÜRZE

71. Passionsfrucht-Karamellsauce

ZUTATEN:
- 2 Tassen Zucker
- ½ Tasse Wasser
- 2 Teelöffel heller Maissirup
- 1⅓ Tassen Passionsfruchtpüree
- 4 Esslöffel ungesalzene Butter, in Stücke geschnitten
- ½ Teelöffel koscheres Salz

ANWEISUNGEN:

a) In einem großen Topf mit dickem Boden Zucker, Wasser und Maissirup vermischen. Bei mittlerer Hitze köcheln lassen, dabei umrühren, um den Zucker aufzulösen, und gelegentlich die Seiten der Pfanne mit einem feuchten Backpinsel abbürsten, um eventuelle Zuckerkristalle abzuwaschen.

b) Erhöhen Sie die Hitze auf mittlere bis hohe Stufe und lassen Sie den Sirup ohne Rühren etwa 8 Minuten lang kochen, bis er dunkel bernsteinfarben ist.

c) Nehmen Sie die Pfanne vom Herd. Fügen Sie vorsichtig das Passionsfruchtpüree hinzu (es wird Blasen bilden und spritzen, seien Sie also beim Eingießen vorsichtig), Butter, Salz und Schneebesen, um so viel wie möglich zu vermischen (das Karamell wird etwas hart).

d) Stellen Sie die Pfanne auf mittlere bis niedrige Hitze, lassen Sie sie köcheln und kochen Sie sie unter Rühren, bis sich das Karamell aufgelöst hat und die Sauce glatt ist. Vom Herd nehmen und abkühlen lassen. In einem luftdichten Behälter im Kühlschrank aufbewahrt ist die Sauce bis zu 10 Tage haltbar.

e) Servieren Sie die Sauce warm oder bei Zimmertemperatur.

72. Grapefruit-Passionsquark

ZUTATEN:
- ¼ Tasse Passionsfruchtpüree
- 3 Esslöffel Zucker
- 1 Ei
- ½ Gelatineblatt
- 6 Esslöffel sehr kalte Butter
- ¼ Teelöffel koscheres Salz
- 1 große Grapefruit
- 1 Teelöffel Traubenkernöl

ANWEISUNGEN:

a) Passionsfruchtpüree und Zucker in einen Mixer geben und mixen, bis sich die Zuckerkörner aufgelöst haben. Das Ei hinzufügen und auf niedriger Stufe mixen, bis eine leuchtend orange-gelbe Mischung entsteht. Geben Sie den Inhalt des Mixers in einen mittelgroßen Topf oder Topf. Reinigen Sie den Mixerbehälter.

b) Die Gelatine aufkochen.

c) Erhitzen Sie die Passionsfruchtmischung bei schwacher Hitze und rühren Sie dabei regelmäßig um. Beim Erhitzen beginnt es dicker zu werden; behalte es im Auge. Sobald die Mischung kocht, nehmen Sie sie vom Herd und geben Sie sie in den Mixer. Geben Sie die aufgeschäumte Gelatine, die Butter und das Salz hinzu und mixen Sie, bis die Mischung dick, glänzend und superweich ist.

d) Geben Sie die Mischung in einen hitzebeständigen Behälter und stellen Sie sie für 30 bis 60 Minuten in den Kühlschrank, bis der Passionsfruchtquark vollständig abgekühlt ist.

e) Während der Passionsfruchtquark abkühlt, entfernen Sie vorsichtig mit einem Schälmesser die Schale von der Grapefruit. Entfernen Sie dann vorsichtig jedes Segment der Grapefruit von seinen Membranen, indem Sie beide Seiten jedes Segments entlang der Membran bis zur Mitte der Frucht abschneiden. Die Segmente sollten direkt herauskommen.

f) Die Grapefruitstücke mit dem Traubenkernöl in einen kleinen Topf geben und bei schwacher Hitze erhitzen, dabei gelegentlich vorsichtig mit einem Löffel umrühren. Nach etwa 2 Minuten hilft das warme Öl dabei, die einzelnen Grapefruit-„Fäden" zu trennen und einzukapseln. Vom Herd nehmen und die Fäden etwas abkühlen lassen, bevor Sie fortfahren.

g) Mit einem Löffel oder Gummispatel die Grapefruitfäden vorsichtig in den abgekühlten Passionsfruchtquark einrühren. Sofort verwenden oder in einen luftdichten Behälter umfüllen und bis zu 1 Woche im Kühlschrank aufbewahren.

… Passionsfruchtquark

ZUTATEN:
- ½ Tasse Passionsfruchtpüree
- ⅓ Tasse Zucker
- 2 Eier
- 1 Gelatineblatt
- 12 Esslöffel Butter, sehr kalt
- ½ Teelöffel koscheres Salz

ANWEISUNGEN:

a) Passionsfruchtpüree und Zucker in einen Mixer geben und mixen, bis sich die Zuckerkörner aufgelöst haben. Die Eier hinzufügen und auf niedriger Stufe mixen. Geben Sie den Inhalt des Mixers in einen mittelgroßen Topf oder Topf. Reinigen Sie den Mixerbehälter.

b) Die Gelatine aufkochen.

c) Erhitzen Sie die Passionsfruchtmischung bei schwacher Hitze und rühren Sie dabei regelmäßig um. Beim Erhitzen beginnt es dicker zu werden; behalte es im Auge. Sobald es kocht, nehmen Sie es vom Herd und geben Sie es in den Mixer. Geben Sie die aufgeschäumte Gelatine, die Butter und das Salz hinzu und mixen Sie, bis die Mischung dick, glänzend und superweich ist.

d) Geben Sie die Mischung in einen hitzebeständigen Behälter und stellen Sie ihn mindestens 30 Minuten lang in den Kühlschrank, bis der Quark vollständig abgekühlt ist.

74. Passionsfrucht-Salsa

ZUTATEN:
- 2 Passionsfrüchte, Fruchtfleisch entfernt
- 1 große Tomate, gewürfelt
- ¼ rote Zwiebel, gewürfelt
- ¼ Tasse frischer Koriander, gehackt
- 1 Jalapeño-Pfeffer, entkernt und gewürfelt
- 1 Esslöffel Limettensaft
- Salz und Pfeffer nach Geschmack
- Mango (optional)

ANWEISUNGEN:

a) In einer Schüssel das Passionsfruchtmark, die gewürfelten Tomaten, die roten Zwiebeln, den Koriander und den Jalapeño-Pfeffer vermischen.

b) Limettensaft hinzufügen und mit Salz und Pfeffer würzen.

c) Vor dem Servieren mindestens 30 Minuten im Kühlschrank ruhen lassen.

d) Mit Tortillachips oder als Belag für gegrillten Fisch oder Hühnchen servieren.

75. Passionsfrucht-Guacamole

ZUTATEN:
- 2 reife Avocados, geschält und zerdrückt
- ¼ Tasse gewürfelte rote Zwiebel
- ¼ Tasse gehackter frischer Koriander
- 1 Jalapeño-Pfeffer, entkernt und gewürfelt
- 2 Esslöffel Limettensaft
- ¼ Tasse Passionsfruchtmark
- Salz und Pfeffer nach Geschmack

ANWEISUNGEN:

a) In einer Schüssel zerdrückte Avocado, rote Zwiebel, Koriander, Jalapeño-Pfeffer, Limettensaft und Passionsfruchtmark vermischen.

b) Mit Salz und Pfeffer würzen.

c) Vor dem Servieren mindestens 30 Minuten im Kühlschrank ruhen lassen.

d) Mit Tortillachips oder als Belag für Tacos servieren.

76. Passionsfruchtmarmelade

ZUTATEN:
- 4 Passionsfrüchte
- 1 Tasse Zucker
- 1 Esslöffel Zitronensaft

ANWEISUNGEN:
a) Die Passionsfrüchte halbieren und das Fruchtfleisch herauslöffeln.
b) In einem Topf Passionsfruchtmark, Zucker und Zitronensaft vermischen.
c) Die Mischung bei mittlerer Hitze zum Kochen bringen und dabei gelegentlich umrühren.
d) Die Hitze auf niedrige Stufe reduzieren und etwa 20 Minuten köcheln lassen, bis die Mischung eindickt.
e) Vom Herd nehmen und abkühlen lassen.
f) Die Marmelade in ein sterilisiertes Glas umfüllen und im Kühlschrank aufbewahren.

77. Passionsfruchtbutter

ZUTATEN:
- 4 Passionsfrüchte
- 1/2 Tasse ungesalzene Butter, weich
- 2 Esslöffel Puderzucker

ANWEISUNGEN:
a) Die Passionsfrüchte halbieren und das Fruchtfleisch herauslöffeln.
b) In einer Schüssel die weiche Butter, den Puderzucker und das Passionsfruchtmark vermischen.
c) Gut vermischen, bis alle Zutaten vollständig eingearbeitet sind.
d) Geben Sie die Passionsfruchtbutter in ein Glas oder einen Behälter und stellen Sie sie in den Kühlschrank, bis sie fest ist.
e) Verwenden Sie die Butter auf Toast, Muffins oder als Aufstrich für Desserts.

78. Passionsfruchtvinaigrette

ZUTATEN:
- 2 Passionsfrüchte
- 1/4 Tasse Olivenöl
- 2 Esslöffel Weißweinessig
- 1 Esslöffel Honig
- Salz und Pfeffer nach Geschmack

ANWEISUNGEN:

a) Die Passionsfrüchte halbieren und das Fruchtfleisch herauslöffeln.
b) In einer kleinen Schüssel das Passionsfruchtmark, Olivenöl, Weißweinessig, Honig, Salz und Pfeffer verrühren.
c) Passen Sie die Gewürze nach Ihrem Geschmack an.
d) Verwenden Sie die Passionsfruchtvinaigrette als Dressing für Salate oder als Marinade für Grillfleisch.

79. Scharfe Passionsfruchtsauce

ZUTATEN:
- 4 Passionsfrüchte
- 4 rote Chilischoten
- 2 Knoblauchzehen
- 2 Esslöffel Essig
- 1 Esslöffel Zucker
- Salz nach Geschmack

ANWEISUNGEN:
a) Die Passionsfrüchte halbieren und das Fruchtfleisch herauslöffeln.
b) Die roten Chilischoten entkernen und fein hacken.
c) Die Knoblauchzehen zerdrücken.
d) In einem Mixer oder einer Küchenmaschine das Passionsfruchtmark, gehackte Chilischoten, zerdrückten Knoblauch, Essig, Zucker und Salz vermischen.
e) Alles glatt rühren.
f) Die Mischung in einen Topf geben und bei schwacher Hitze etwa 10 Minuten köcheln lassen.
g) Lassen Sie die scharfe Soße vollständig abkühlen, bevor Sie sie in einem sterilisierten Glas aufbewahren.
h) Verwenden Sie die scharfe Passionsfruchtsauce, um Ihren Lieblingsgerichten etwas Schärfe und Würze zu verleihen.

80. Passionsfrucht-Mayonnaise

ZUTATEN:
- 2 Passionsfrüchte
- 1/2 Tasse Mayonnaise
- 1 Esslöffel Zitronensaft
- Salz und Pfeffer nach Geschmack

ANWEISUNGEN:
a) Die Passionsfrüchte halbieren und das Fruchtfleisch herauslöffeln.
b) In einer Schüssel Passionsfruchtmark, Mayonnaise, Zitronensaft, Salz und Pfeffer vermischen.
c) Gut vermischen, bis alle Zutaten vollständig eingearbeitet sind.
d) Abschmecken und je nach Bedarf nachwürzen.
e) Verwenden Sie die Passionsfruchtmayonnaise als Brotaufstrich für Sandwiches, Burger oder als Dip für Pommes.

81. Passionsfrucht-BBQ-Sauce

ZUTATEN:
- 4 Passionsfrüchte
- 1 Tasse Ketchup
- 1/4 Tasse brauner Zucker
- 2 Esslöffel Sojasauce
- 1 Esslöffel Worcestershire-Sauce
- 1 Esslöffel Dijon-Senf
- 1 Teelöffel Knoblauchpulver
- 1 Teelöffel geräuchertes Paprikapulver
- Salz und Pfeffer nach Geschmack

ANWEISUNGEN:
a) Die Passionsfrüchte halbieren und das Fruchtfleisch herauslöffeln.
b) In einem Topf Passionsfruchtmark, Ketchup, braunen Zucker, Sojasauce, Worcestershire-Sauce, Dijon-Senf, Knoblauchpulver, geräuchertes Paprikapulver, Salz und Pfeffer vermischen.
c) Zum Kombinieren gut umrühren.
d) Die Mischung bei mittlerer Hitze köcheln lassen und dabei gelegentlich umrühren.
e) Reduzieren Sie die Hitze auf eine niedrige Stufe und lassen Sie es etwa 15–20 Minuten köcheln, bis die Sauce eindickt.
f) Vom Herd nehmen und abkühlen lassen.
g) Verwenden Sie die Passionsfrucht-BBQ-Sauce zum Glasieren von Grillfleisch, als Dip-Sauce oder als Marinade.

82. Passionsfrucht-Aioli

ZUTATEN:
- 2 Passionsfrüchte
- 1/2 Tasse Mayonnaise
- 1 Knoblauchzehe, gehackt
- Saft von 1 Zitrone
- Salz und Pfeffer nach Geschmack

ANWEISUNGEN:

a) Die Passionsfrüchte halbieren und das Fruchtfleisch herauslöffeln.
b) In einer Schüssel Passionsfruchtmark, Mayonnaise, gehackten Knoblauch, Zitronensaft, Salz und Pfeffer vermischen.
c) Gut vermischen, bis alle Zutaten vollständig eingearbeitet sind.
d) Passen Sie die Gewürze nach Ihrem Geschmack an.
e) Verwenden Sie die Passionsfrucht-Aioli als Dip für Pommes Frites, als Aufstrich für Sandwiches oder als Gewürz für Meeresfrüchte.

83. Passionsfrucht-Chutney

ZUTATEN:
- 4 Passionsfrüchte
- 1/2 Tasse gehackte Ananas
- 1/4 Tasse gehackte rote Zwiebel
- 1/4 Tasse Rosinen
- 2 Esslöffel brauner Zucker
- 2 Esslöffel Apfelessig
- 1 Teelöffel geriebener Ingwer
- 1/4 Teelöffel gemahlener Zimt
- 1/4 Teelöffel gemahlene Nelken
- Salz nach Geschmack

ANWEISUNGEN:
a) Die Passionsfrüchte halbieren und das Fruchtfleisch herauslöffeln.
b) In einem Topf Passionsfruchtmark, gehackte Ananas, gehackte rote Zwiebeln, Rosinen, braunen Zucker, Apfelessig, geriebenen Ingwer, gemahlenen Zimt, gemahlene Nelken und Salz vermischen.
c) Zum Kombinieren gut umrühren.
d) Bringen Sie die Mischung bei mittlerer Hitze zum Kochen, reduzieren Sie dann die Hitze auf eine niedrige Stufe und lassen Sie sie unter gelegentlichem Rühren etwa 30 Minuten lang köcheln.
e) Vom Herd nehmen und abkühlen lassen.
f) Das Chutney in ein sterilisiertes Glas umfüllen und im Kühlschrank aufbewahren.
g) Verwenden Sie das Passionsfrucht-Chutney als Würze zu gebratenem Fleisch, Sandwiches oder Käseplatten.

84. Passionsfruchtsenf

ZUTATEN:

- 4 Passionsfrüchte
- 1/2 Tasse Dijon-Senf
- 1 Esslöffel Honig
- 1 Teelöffel Apfelessig
- Salz und Pfeffer nach Geschmack

ANWEISUNGEN:

a) Die Passionsfrüchte halbieren und das Fruchtfleisch herauslöffeln.
b) In einer Schüssel das Passionsfruchtmark, Dijon-Senf, Honig, Apfelessig, Salz und Pfeffer vermischen.
c) Gut vermischen, bis alle Zutaten vollständig eingearbeitet sind.
d) Abschmecken und je nach Bedarf nachwürzen.
e) Verwenden Sie den Passionsfruchtsenf als Würze für Sandwiches, Burger oder als Dip.

COCKTAILS UND MOCKTAILS

85. Passionsfrucht-Boba-Tee

ZUTATEN:
- 1 Liter Wasser
- 4 Grünteebeutel
- 120 g schwarze Tapiokaperlen
- 40 ml Ahornsirup
- 8 Passionsfrüchte
- 240 ml Kokosnussgetränk

ANWEISUNGEN:

a) Kochen Sie das gegebene Wasser, gießen Sie es in eine Schüssel und fügen Sie die grünen Teebeutel hinzu.

b) Lassen Sie sie 5 Minuten ziehen und nehmen Sie sie dann heraus.

c) Lassen Sie den grünen Tee im Kühlschrank vollständig abkühlen.

d) In der Zwischenzeit einen Topf Wasser zum Kochen bringen und die Tapiokaperlen hinzufügen.

e) Sobald sie an der Oberfläche schwimmen, den Topf abdecken und 3 Minuten kochen lassen.

f) Schalten Sie dann den Herd aus und lassen Sie die Perlen noch 3 Minuten im Topf.

g) Lassen Sie nun das Kochwasser ab und geben Sie die Perlen in eine mit kaltem Wasser gefüllte Schüssel.

h) Lassen Sie sie 20 Sekunden lang abkühlen und lassen Sie das Wasser erneut abtropfen.

i) Tapiokakugeln mit Ahornsirup vermischen.

j) Das Fruchtfleisch der Passionsfrüchte in ein feinmaschiges Sieb geben und den Saft in eine Schüssel abseihen.

k) Um den Boba-Tee zuzubereiten, verteilen Sie die Tapioka-Kugeln auf hohe Gläser und gießen Sie dann den Passionsfruchtsaft und den kalten grünen Tee hinein.

86. Passionsfrucht-Wassereis

ZUTATEN:
- 12 reife Passionsfrüchte
- 1 Tasse Wasser
- ¾ Tasse feinster Zucker
- 1 Esslöffel Orangensaft
- 1 Teelöffel Zitronensaft

ANWEISUNGEN:

a) Entfernen Sie das gesamte Fruchtfleisch und den Saft und geben Sie es in eine Schüssel, um die schwarzen Kerne zu entfernen. Wasser, Zucker und Säfte einrühren. Etwa 30 Minuten kalt stellen, während sich der Zucker auflöst. Gelegentlich umrühren.

b) Gießen Sie die Mischung in einen Gefrierbehälter und frieren Sie sie ein, bis sie fast fest ist. Rühren Sie dabei ein- oder zweimal um und zerfallen Sie in Kristalle.

c) Zum Servieren das Wassereis mit einer Gabel zerkleinern, bis es eine körnige Konsistenz hat.

d) Mit Panna Cotta oder Crème Brûlée servieren und im letzten Moment mit etwas frischem Passionsfruchtsaft übergießen.

87. Passionsfruchtkühler

ZUTATEN:
- 1 Unze Orangensaft
- ½ Unze Zitronensaft
- ½ Unze Gin
- 1 ½ Unzen heller Rum
- 3 Unzen Passionsfruchtnektar

ANWEISUNGEN:
a) Füllen Sie den Cocktailshaker mit Eis.
b) Säfte, Gin, Rum und Passionsfruchtnektar hinzufügen.
c) Shake.
d) Mit Eis in ein Longdrinkglas abseihen.

88. Ruhige Reise

ZUTATEN:

- ½ Unze Galliano
- ½ Unze Passionsfruchtsirup
- 2 Teelöffel Zitronensaft
- ½ Unze heller Rum
- ½ Ei
- ⅓ Tasse zerstoßenes Eis

ANWEISUNGEN:

a) Galliano, Passionsfruchtsirup, Zitronensaft, Rum, Eihälfte und zerstoßenes Eis in einen Mixer geben.
b) 15 Sekunden lang bei niedriger Geschwindigkeit mixen.
c) In ein gekühltes Champagnerglas mit tiefer Untertasse füllen.

89. Schmetterlingserbse und gelbe Citronade

ZUTATEN:
CITRONADE-SIRUP:
- 80g Stevia
- 25g Zucker
- 250 ml Wasser
- 4 Mandarinen
- 6 Zitronen
- 4 Limetten

So bereiten Sie einen Cocktail zu:
- 1 Tasse Schmetterlingserbsentee
- Mineralwasser
- zerstoßenes Eis

Garnierungen:
- Getrocknete Zitrusscheiben
- Passionsfrucht
- Essbare Blumen

ANWEISUNGEN:
CITRONADE-SIRUP:

a) Um den Citronadensirup herzustellen, lösen Sie Stevia und Zucker in 250 ml Wasser auf.

b) Die Mandarinen, Zitronen und Limetten abreiben und zum süßen Sirup hinzufügen.

c) Die Zitrusfrüchte entsaften und zur Mischung hinzufügen.

d) Abdecken und die Schale über Nacht im Kühlschrank ziehen lassen.

e) Mit einem Sieb die Schale und das Fruchtfleisch herausfiltern und in einen sauberen Krug füllen.

f) Füllen Sie ein hohes Glas mit Crushed Ice.

UM EINEN COCKTAIL ZU BAUEN

g) Um die Schichten herzustellen, geben Sie Ihren Citronadensirup zu etwa ¼ oder ⅓ des Glases hinzu. Mit Eis auffüllen.

h) Als nächstes fügen Sie das Sodawasser hinzu.

i) Geben Sie den Schmetterlingserbsentee langsam auf das Eis, indem Sie ihn auf die Rückseite eines Löffels gießen.

j) Vorsichtig umrühren, um die Geschmacksschichten zu vermischen, und die Toppings hinzufügen.

90. Passionsfrucht- und Muskatblüten-Mocktail

ZUTATEN:
- 1 Klinge getrockneter Streitkolben,
- 4 Esslöffel Zucker
- Fruchtfleisch aus 4 Passionsfrüchten
- Eiswürfel

ANWEISUNGEN:

a) Mahlen Sie die getrocknete Muskatblüte und den Zucker.

b) In einer Pfanne die Muskatblütenmischung mit 12 Unzen Wasser vermischen und zum Kochen bringen.

c) Das Passionsfruchtfleisch in den Topf geben und 2 Minuten kochen lassen, bis sich der Zucker aufgelöst hat.

d) Vom Herd nehmen und abkühlen lassen.

e) Geben Sie einige Eiswürfel in 4 Gläser, gießen Sie den Cocktail über das Eis und genießen Sie ihn.

91. Kolumbianisch

ZUTATEN:
- 1½ Unzen gereifter kolumbianischer Rum
- ¼ Unzen Passionsfruchtsirup
- 2 Unzen Blutorangenlimonade
- 12 Unzen Ginger Ale
- 10 Gramm Tamarinde
- Zitrusfruchtscheibe zum Garnieren

ANWEISUNGEN:
a) Füllen Sie den Cocktailshaker mit Eis.
b) Alle Zutaten hinzufügen und schütteln.
c) Abseihen und garnieren.

92. Fruchtiger Kräuter-Eistee

ZUTATEN:
- 1 Beutel Passionstee
- Orangefarbenes Rad
- Minzblätter
- 4 Tassen Wasser
- 2 Tassen frischer Orangensaft

ANWEISUNGEN:

a) Legen Sie den Teebeutel in kochendes Wasser und lassen Sie ihn 5 Minuten ziehen.

b) Entfernen Sie den Teebeutel. Gießen Sie den Tee in einen mit Eis gefüllten Krug.

c) Füllen Sie den verbleibenden Raum im Krug mit Wasser.

d) Füllen Sie einen Cocktailshaker mit aufgebrühtem Tee und Orangensaft.

e) Schütteln und in ein mit Eis gefülltes Glas abseihen.

f) Mit Orangenscheibe und Minzblättern abschließen.

93. Passionsfrucht-Minze-Eistee

ZUTATEN:
- 6 Teebeutel
- 4 Tassen kochendes Wasser
- Tasse Frische Minze
- ¼ Tasse Zucker
- Tasse Passionsfruchtsaft; frisch oder gefroren

ANWEISUNGEN:
a) Geben Sie die Teebeutel und die Minze in einen Behälter.
b) Gießen Sie das kochende Wasser darüber.
c) 10 Minuten ziehen lassen.
d) Zum Auflösen den Zucker hinzufügen.
e) Den Passionsfruchtsaft hinzufügen und über Eis abseihen.
f) Mit Zweigen frischer Minze garnieren.

94. Baccarat Rouge

ZUTATEN:
- 2 Unzen Tequila
- 1 Unze Passionsfruchtsaft
- ¼ Unzen Piment Dram
- ¼ Unzen Limettensaft
- ¼ Unzen Digestif

ANWEISUNGEN:
a) Alle Zutaten mit Eis in eine Shaker-Dose geben und kräftig schütteln.
b) In ein Rocks-Glas mit frischem Eis abseihen.
c) Mit einer kandierten Hibiskusblüte garnieren.

95. Beeren-Tutti-Frutti

ZUTATEN:
- 4 Pfund Erdbeeren
- 2 Pfund Himbeeren
- 1 Pfund Blaubeeren
- 2 Pfund Pfirsiche
- Zwei 16-Unzen-Dosen Sauerkirschen
- 12-Unzen-Dose gefrorener roter Traubensaft
- 12-Unzen-Dose Ananas, Banane, Passionsfruchtgetränk
- 6 Pfund Zucker
- 2 Pfund heller Honig
- ausreichend Wasser für fünf Gallonen
- 10 Teelöffel Säuremischung
- 1½ Teelöffel Tannin
- 2½ Teelöffel Pektinenzym
- 6 Teelöffel Hefenährstoff
- 5 Campden-Tabletten, zerkleinert (optional)
- 1 Päckchen Champagnerhefe

ANWEISUNGEN:

a) Bereiten Sie alle Früchte vor und geben Sie sie in einen großen oder zwei kleinere Nylonsiebbeutel. Tauen Sie die Säfte auf. Legen Sie sie auf den Boden eines desinfizierten Primärfermenters.

b) Kochen Sie etwa 1 bis 2 Gallonen Wasser mit Zucker und Honig, je nachdem, wie groß Ihr Wasserkocher ist. Bei Bedarf abschöpfen.

c) Gießen Sie das heiße Zuckerwasser über die Früchte und Säfte. Fügen Sie den Rest des Wassers hinzu, um die fünf Gallonen und etwas mehr aufzufüllen.

d) Fügen Sie den Hefenährstoff, die Säure und das Tannin hinzu, einschließlich der Campden-Tabletten, wenn Sie diese verwenden möchten.

e) Abdecken und mit einer Luftschleuse versehen. Wenn Sie die Campden-Tabletten verwenden, warten Sie mindestens 12 Stunden, bevor Sie das Pektinenzym hinzufügen. Überprüfen Sie nach weiteren 12–24 Stunden den PA und fügen Sie die Hefe hinzu.

f) Täglich umrühren. Nehmen Sie nach ein bis zwei Wochen die Obstbeutel heraus und lassen Sie sie abtropfen, ohne sie zu quetschen. Werfen Sie die Früchte weg. Schauen Sie sich die Weinmenge und die PA an. Wenn Sie mehr Wasser hinzufügen müssen, tun Sie dies. Wenn Sie etwas zu viel haben, machen Sie sich keine Sorgen. Das Leben ist ohnehin zu kurz.

g) Wenn der PA-Wert auf 2 bis 3 Prozent gesunken ist, füllen Sie den Wein in einen Glasballon ab und versehen Sie ihn mit einer Luftschleuse.

h) Lassen Sie es in den nächsten sechs Monaten noch zweimal durch. Warten Sie, bis der Wein klar wird und gärt.

i) Füllen Sie es in große und normalgroße Flaschen ab. Warten Sie sechs Monate, bevor Sie es versuchen.

96. Passionsfrucht-Brandywein

ZUTATEN:
- 6 Passionsfrucht
- 1 Flasche trockener Weißwein
- 1 Esslöffel Honig, flüssige Unzen Brandy

ANWEISUNGEN:

a) Drücken Sie das Fruchtfleisch und die Kerne der Passionsfrucht in ein Glasgefäß mit Deckel. Den Weißwein hinzufügen.

b) Abdecken, schütteln und 5 Tage lang kühl und dunkel aufbewahren.

c) Anschließend den Wein in einen Topf abseihen. Den Honig hinzufügen und vorsichtig erhitzen, bis sich der Honig aufgelöst hat.

d) Lassen Sie es abkühlen und fügen Sie den Brandy, die Flasche und den Verschluss hinzu.

97. Passionsfrucht-Mojito

ZUTATEN:
- 2 Unzen weißer Rum
- 1 Unze Passionsfruchtsaft
- 1 Unze Limettensaft
- 1 Esslöffel Zucker
- 6-8 frische Minzblätter
- Mineralwasser
- Zerstoßenes Eis
- Minzzweig und Limettenspalte zum Garnieren

ANWEISUNGEN:
a) In einem Cocktailshaker Minzblätter, Limettensaft und Zucker vermischen.
b) Geben Sie den weißen Rum und den Passionsfruchtsaft in den Shaker.
c) Füllen Sie den Shaker mit Eis und schütteln Sie es gut, um es zu vermischen.
d) Die Mischung in ein mit Crushed Ice gefülltes Glas abseihen.
e) Mit Sodawasser auffüllen.
f) Mit einem Minzzweig und einer Limettenscheibe garnieren.
g) Genießen Sie Ihren erfrischenden Passionsfrucht-Mojito!

98. Passionsfrucht-Espresso-Sauer

ZUTATEN:

- 2 Unzen Passionsfruchtpüree oder -saft
- 1 ½ Unzen Espresso oder stark gebrühter Kaffee, abgekühlt
- 2 Unzen Bourbon oder Whiskey
- ¾ Unze frischer Zitronensaft
- ½ Unze einfacher Sirup
- Eis
- Zitronenscheibe zum Garnieren (optional)

ANWEISUNGEN:

a) Füllen Sie einen Cocktailshaker mit Eis.
b) Geben Sie Passionsfruchtpüree oder -saft, Espresso oder Kaffee, Bourbon oder Whiskey, frischen Zitronensaft und Zuckersirup in den Shaker.
c) Schütteln Sie die Mischung etwa 15 bis 20 Sekunden lang kräftig, um die Zutaten zu vermischen und abzukühlen.
d) Den Cocktail in ein mit Eis gefülltes Rocks-Glas abseihen.
e) Nach Belieben mit einer Zitronenscheibe garnieren.
f) Servieren und genießen Sie Ihren Passion Fruit Espresso Sour!

99. Passionsfrucht-Piña Colada

ZUTATEN:
- 2 Unzen weißer Rum
- 2 Unzen Ananassaft
- 2 Unzen Kokoscreme
- 1 Unze Passionsfruchtsaft
- Ananasspalte und Kirsche zum Garnieren
- Eiswürfel

ANWEISUNGEN:
a) In einem Mixer weißen Rum, Ananassaft, Kokoscreme, Passionsfruchtsaft und Eiswürfel vermischen.
b) Mixen, bis alles glatt und schaumig ist.
c) Gießen Sie die Mischung in ein Glas.
d) Mit einer Ananasspalte und Kirsche garnieren.
e) Nippen Sie an dieser Passionsfrucht-Piña Colada und entführen Sie sich in ein tropisches Paradies!

100. Passionsfruchtlimonade

ZUTATEN:
- 2 Unzen Passionsfruchtsaft
- 2 Unzen Zitronensaft
- 2 Unzen einfacher Sirup
- 4 Unzen Mineralwasser
- Zitronenscheiben und frische Minzblätter zum Garnieren
- Eiswürfel

ANWEISUNGEN:

a) In einem Glas Passionsfruchtsaft, Zitronensaft und Zuckersirup vermischen.
b) Zum Mischen gut umrühren.
c) Eiswürfel in das Glas geben.
d) Mit Mineralwasser auffüllen.
e) Mit Zitronenscheiben und frischen Minzblättern garnieren.
f) Genießen Sie den würzigen und erfrischenden Geschmack der Passionsfruchtlimonade!

ABSCHLUSS

Wir hoffen, dass dieses Kochbuch Sie dazu inspiriert hat, mit Passionsfrüchten in der Küche kreativ zu werden. Ob Sie nach einem neuen Dessertrezept suchen, um Ihre Gäste zu beeindrucken, oder nach einer einzigartigen Variante eines klassischen Gerichts: Passionsfrucht ist die perfekte Zutat, um jeder Mahlzeit einen Hauch von Geschmack und Spannung zu verleihen.

Probieren Sie also einige der Rezepte in diesem Buch aus, experimentieren Sie mit Ihren Ideen und haben Sie vor allem Spaß! Denken Sie daran: Beim Kochen geht es vor allem darum, die Aromen verschiedener Zutaten zu entdecken und zu genießen, und mit Passionsfrüchten sind die Möglichkeiten wirklich endlos. Viel Spaß beim Kochen!